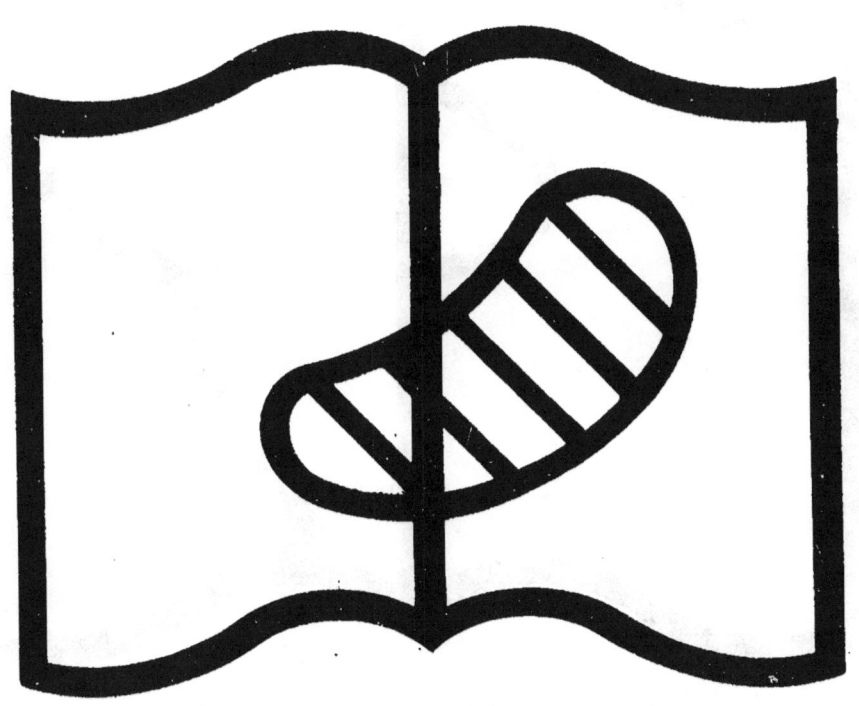

Original illisible

NF Z 43-120-10

Symbole applicable
pour tout,ou partie
des documents microfilmés

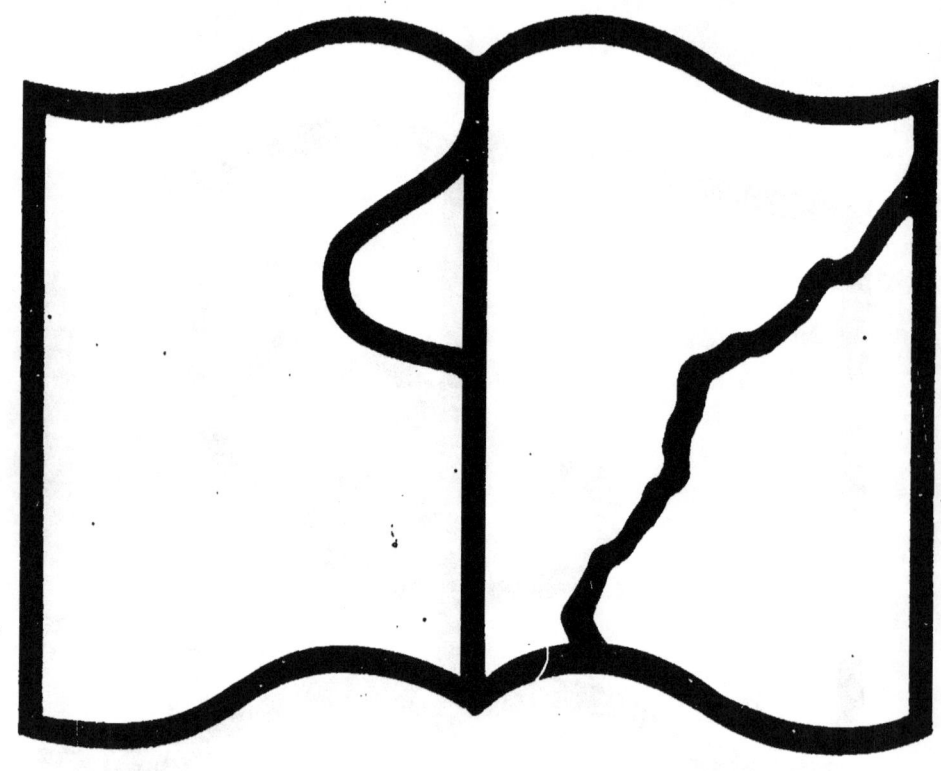

Texte détérioré — reliure défectueuse

NF Z 43-120-11

**Symbole applicable
pour tout, ou partie
des documents microfilmés**

LA
SCIENCE DE LA VIE

PAGES RECUEILLIES
dans les papiers
D'UN PROFESSEUR DE L'UNIVERSITÉ
MEMBRE DU CONSEIL SUPÉRIEUR
DE L'INSTRUCTION PUBLIQUE

LYON

A. REY ET Cⁱᵉ, IMPRIMEURS-ÉDITEURS

4, RUE GENTIL, 4

1904

Lyon. — Imp. A. Rey et C¹⁰, 4, rue Gentil. — 35328

LA
SCIENCE DE LA VIE

LA
SCIENCE DE LA VIE

PAGES RECUEILLIES

dans les papiers

D'UN PROFESSEUR DE L'UNIVERSITÉ

MEMBRE DU CONSEIL SUPÉRIEUR
DE L'INSTRUCTION PUBLIQUE

LYON

A. REY ET Cⁱᵉ, IMPRIMEURS-ÉDITEURS

4, RUE GENTIL, 4

1904

Les fragments épars qui servent de préface à ce petit volume sont plutôt des notes jetées sur le papier à différentes époques, qu'une véritable préface. Ils annoncent une œuvre plus considérable que celle qui va suivre. L'auteur en avait arrêté les grandes lignes sans lui donner sa forme définitive. « La Science de la vie » n'est que la première partie d'un ensemble beaucoup plus vaste, une introduction à l'étude du « devoir » qui doit faire suite à celle-ci.

Quelques pages détachées sur l'immortalité, et d'autres sur la religion, ont été jointes à ce travail : elles rentrent dans le même ordre d'idées, et semblent en être le développement plus complet.

Parmi les chapitres de « la Science de la vie », on peut être étonné d'en trouver quelques-uns incomplets ou disproportionnés, presque à l'état de documents. Des citations, dont la provenance n'est pas toujours indiquée, se confondent parfois avec le texte. On le comprendra mieux, en sachant que l'auteur, lorsqu'il entreprit ce travail, avait la vue déjà trop affaiblie pour écrire et lire lui-même, et qu'il n'a pu achever ni reviser son œuvre.

Mais telles qu'elles sont, ces pages ont paru assez intéressantes pour être mises au jour. Plusieurs de ceux qui les connaissaient déjà par un enseignement oral incomparable ont désiré en fixer le souvenir, et seront heureux de les retrouver ici. L'auteur les destinait surtout à la jeunesse qu'il a particulièrement aimée. Elever les âmes, les initier aux vérités éternelles, a été l'objet et le but de la vie de ce grand maître. C'est pour répondre à ses désirs et continuer son œuvre que ces pages sont offertes au cercle intime de ses amis et de ses élèves.

PRÉFACE

> Je traite un sujet auquel peut s'appliquer cette inscription gravée sur la pierre suspendue dans l'église du village d'Ensisheim, en Suisse : « *De hoc multi multo, omnes aliquid, nemo satis* ». (Sur ce sujet, beaucoup ont beaucoup écrit ; tous en ont dit quelque chose, personne n'en a dit assez.)

Le vent du siècle ne souffle point aux puissantes méditations de la pensée. Nous y attachons un regard voilé par les choses du temps, et tout est obscurci devant nous par les nuages de la terre. Les grandes voix qui descendent du ciel semblent ne porter que sur le néant et retentir dans le vide. Rien ne sonne plus à nos oreilles que le roulement des machines de l'industrie qui accomplissent leurs évolutions rapides. Les belles vérités d'autrefois sont sans honneur parmi nous, et la science de la matière est seule en travail.

. . . .

L'époque où nous vivons est critique, défensive, apologétique : c'est une époque de science comparée. De doctrine, il n'en y a pas; toute vérité est mise en doute, il ne reste plus rien à nier; toute la philosophie est passée à l'état de contestation; nous ne sommes pas dans les conditions de la vérité.

. . . .

Un phénomène étrange, c'est qu'on ne cherche aujourd'hui à connaître la religion que par ceux qui n'en ont pas. On ne lit plus saint Paul, saint Augustin, saint Thomas, Pascal, Bossuet, etc. On lit Voltaire, Jean-Jacques Rousseau, Renan, Paul Bert. On apprend ce que c'est que la foi par ceux qui n'en savent rien, ou par ceux qui ont pris à tâche de la détruire. On demande aux voleurs ce que c'est que la justice, aux ignorants ce que c'est que la science, aux gens vicieux ce que c'est que la vertu, aux sauvages ce que c'est que la civilisation. Il faut étudier la religion à ses sources naturelles, la demander à l'Evangile et à ceux qui sont chargés de l'interpréter. Il faut que la religion touche l'âme dans sa partie la plus délicate, la soulève, la porte en haut.

. . . .

La première assise de la vérité n'est pas la

discussion : poser, affirmer la vérité. vaut mieux que la discuter. Qui se défend toujours périra sûrement. La meilleure manière de dissiper la nuit c'est de faire la lumière du jour : l'erreur alors ne peut pas naître, ou, si elle est née, elle tombe toute seule.

. . . .

Le premier devoir d'un homme qui est descendu dans cette vie passagère est de ne pas la laisser flotter à l'aventure et au hasard; elle vaut la peine de vivre. N'est-ce pas abaisser la race humaine que de l'habituer à vivre et à mourir comme les animaux, sans savoir pourquoi?

Un savant se voit forcément amené en face du problème de la vie. Un homme pieux peut-il ne pas réfléchir sur les bases de sa foi? Il ne faut pas que le cœur seul soit religieux, l'esprit doit l'être aussi. Quand la piété se sépare de la pensée, elle tombe dans le formalisme ou dans le fanatisme. Quand la science veut se suffire à elle-même, elle n'est plus que de l'érudition. Leur divorce est leur suicide à toutes deux.

. . . .

Nous ne sommes pas chargés d'enseigner les siècles écoulés avant nous, pas davantage d'enseigner les siècles qui viendront après nous;

tandis que le siècle présent, la génération qui passe, nous sont confiés, et nous devons adapter notre enseignement à leurs habitudes intellectuelles, à la forme de leurs pensées. — Ames de peu de foi, petit troupeau craintif et timoré, laissez donc venir à vous toutes les vérités sous quelque forme qu'elles se présentent. Un pays est encore à l'heure des espérances, et des longs avenirs, quand les uns sont capables d'entendre la vérité et les autres de la dire. Pour nous, tous les trésors du monde ne valent pas une grande vérité morale et religieuse.

. . . .

Je me propose d'enseigner de telle façon que les esprits les plus simples comprennent la vérité de la doctrine, et que les esprits les plus relevés, les plus éclairés, trouvent encore à apprendre. « Puisque la philosophie est celle qui nous instruit à vivre ... ny le plus jeune refuye à philosopher, ny le plus viel s'y lasse », dit Montaigne, citant un philosophe ancien. *(Essais,* liv. I, chap. xxv.)

. . . .

J'ai résolu de ne sacrifier jamais qu'à la conviction et à la vérité, de façon à ce que la sincérité dominât toutes mes œuvres, et leur communiquât le caractère sacré que doit donner la divine présence du vrai.

Tout bien considéré, j'ai voué ma vie à la vérité : « *vitam impendere vero* ». Celui-là n'aime pas la vérité, qui ne la recherche pas pour elle-même, en dehors des avantages qu'elle peut procurer.

. . . .

Plus d'un dira que j'ai commis des erreurs, personne n'en sera moins surpris que moi. Si ce sont des gens qui savent ce que la vérité coûte, je les supplie de m'en avertir. Si ce sont des gens qui n'en savent rien, je n'ai cure de leur opinion.

Il est une parole de la Bible que j'ai toujours fort goûtée : « *Corripe sapientem et amabit te.* Reprends le sage, et il t'aimera » *(Proverbes,* 9-8). Je puis assurer ceux qui me reprendront que je les aimerai sincèrement.

. . . .

Le peu que je sais ne doit pas retenir captif ce que j'ai de bon à dire. Saint Augustin prétend qu'un pauvre esprit peut quelquefois ouvrir un avis utile ; et si « les pierres du chemin », pour emprunter la parole de l'Evangile, venaient à faire entendre une vérité, il faudrait les écouter.

. . . .

Mon livre comme tant d'autres aura son sort. L'avenir lui mesurera sa part d'oubli ; mais qu'il profite pour le présent à quelques esprits studieux et bienveillants, c'est tout ce que je me propose. Je voudrais qu'il ne fût point inutile dans la bibliothèque des savants, des hommes qui doutent et qui cherchent ; je voudrais qu'il fût bon à celui qui croit, et qui demande à Dieu d'augmenter sa foi ; mais je voudrais le mettre surtout entre les mains de la jeunesse studieuse qui veut tremper son âme aux luttes de l'avenir. J'avoue que je désirerais n'avoir point écrit en vain, et j'aimerais à rendre quelques chrétiens meilleurs et plus heureux de s'être attachés à la vérité.

. . . .

Je ne puis me défendre d'un sentiment de tristesse, lorsque je viens à me dire comme Wieland, qu'avec la meilleure volonté du monde de faire quelque chose d'utile, en mettant au jour ses réflexions les plus sérieuses sur des sujets de la plus haute importance, on ne fait que battre la paille, que passer de l'eau au crible, qu'écrire sur le sable.

. . . .

J'aime mieux redire pour mon compte l'humble prière que Képler adressait à l'auteur de toute lumière : « Voilà que j'ai terminé ce livre qui contient le fruit de mes travaux. J'ai mis à le composer toute la somme d'intelligence que tu m'as donnée... J'ai fait tous mes efforts pour m'élever à la vérité par la voie de la philosophie; et s'il m'était arrivé de dire quelque chose d'indigne de toi, à moi, misérable vermisseau, conçu et nourri dans le péché, fais-le-moi connaître afin que je puisse l'effacer.

« Ne me suis-je point laissé aller aux séductions de la présomption en présence de l'admirable beauté de tes ouvrages? Ah! s'il en est ainsi, reçois-moi dans ta miséricorde, et accorde-moi la grâce que l'œuvre que je viens d'achever soit à jamais impuissante à produire le mal, mais qu'elle contribue à ta gloire, et au salut des âmes. »

LA SCIENCE DE LA VIE

PREMIÈRE PARTIE

PRÉLIMINAIRES

JE DOUTE

J'ai vingt ans. Il y a vingt ans que je marche sur la terre, vingt ans que j'avance dans la vie. Tous les jours, je fais un pas en avant ; tous les ans, je grandis en âge, en force, en science, en sagesse, et j'ajoute quelque chose à mon esprit, à mon cœur, à ma raison.

Dès mon enfance, je me suis attaché à la parole des hommes. Il est si bon d'entendre la parole de sa mère, de son père, de ses maîtres, de ses amis, quand elle éveille joyeusement notre âme ! J'ai écouté beaucoup les hommes ; ils m'ont appris ce que je sais : la langue que je parle, les croyances que je professe, le savoir que je possède. Tout mon esprit est fait de l'esprit des autres.

Je me suis attaché ensuite aux livres. Il est si bon de lire et d'entendre tout bas en son âme des voix qui viennent de loin, et qui vous disent mille choses que vous n'auriez jamais sues et qui furent cependant tout le passé du genre humain ! Comme les livres forment l'esprit ! Comme ils embellissent l'imagination ! Comme ils ouvrent devant nous des horizons lointains !

Mais ni les livres, ni les hommes ne s'accordent entre eux ; ils racontent les mêmes choses différemment. Deux Français habitent la même ville, la même rue, la même maison ; l'un a lu Bossuet, l'autre a lu Voltaire ; ils ne pensent pas de même. Deux enfants, nés de la même femme, se sont attachés, l'un à l'évangile selon saint Jean, l'autre à l'évangile selon Renan ; ils ne se ressemblent plus, et leur mère est tout étonnée d'avoir porté, à la fois, un Jacob et un Ésaü dans ses flancs.

Les siècles se ressemblent encore moins, et moins encore, les divers peuples de la terre. Selon qu'un homme est né sur les rives du Gange ou sur les bords de la Seine, à Rome ou à

Pékin, tout son esprit change ; il ne voit plus les mêmes vérités, il n'adore plus le même Dieu et n'entend plus la vie de la même manière. Les uns, par exemple, posent ce principe : L'homme est naturellement mauvais, ce monde est le pire des mondes; et ce qu'il y a de mieux, c'est de n'être pas né et, si l'on est né, de mourir vite. Les autres professent la doctrine contraire : L'homme est naturellement bon; ce monde est le meilleur des mondes; il faut se tenir pour heureux de vivre.

Il n'y a pas jusqu'aux grands principes qui forment toute la lumière de l'esprit qui ne soient en discordance et en pleine contradiction. Le genre humain tout entier avait pensé jusqu'ici que cet univers est l'œuvre d'un Premier Principe et d'une Raison souveraine ; une science sans précédents vient de découvrir que le monde est né de rien, s'engendre lui-même par sa propre force, et que Dieu est créé lentement par le progrès perpétuel des êtres !

Je vois donc l'erreur répandue partout autour de moi et je suis amené à conclure, avec l'auteur de l'*Imitation*, que « les hommes sont si sujets à parler différemment les uns des autres, qu'il faut fort peu les croire ». (Liv. III, chap. XXXIV.)

Malheureusement, j'ai encore vu l'erreur de

plus près ; je l'ai vue naître en moi, dans mes propres pensées. Je me suis souvent trompé, j'ai porté souvent de faux jugements, et je n'oserais pas dire comme Gœthe : « Je me suis souvent trompé, mais j'ai toujours retrouvé mon chemin. » Moi, je cherche mon chemin et je vais à la découverte de la vérité.

Si je doute des hommes, si je doute des livres, si je doute de moi, je ne doute pas de la vérité. Il n'y a pas d'erreur sans la vérité. C'est même l'amour que je lui dois, le goût que j'ai pour elle, qui ne me permettent pas de la laisser confondue dans mon esprit avec l'erreur. Je veux séparer le bon grain d'avec l'ivraie, les choses vraies, des choses fausses ; suivant en cela le principe que saint Paul adressait aux chrétiens de son temps : « Gardez-vous d'éteindre l'esprit ; éprouvez toutes choses, et retenez les bonnes » : *Spiritum nolite extinguere. Omnia autem probate, quod bonum est tenete.* (1 Thessal., 5-21.)

Je prends donc le parti de mettre à l'épreuve toutes mes connaissances. C'est le droit naturel de tout être intelligent d'examiner et de n'affirmer qu'après examen préalable[1].

---

[1] Il s'agit ici des fondements de la raison, et la raison est *première* et antérieure à la foi religieuse qui

J'ai eu le bonheur de compter, parmi mes maîtres, un fier esprit, un penseur amoureux de la vérité à laquelle il avait consacré sa vie entière. J'ai passé, disait-il un jour, j'ai passé les premiers vingt ans de ma vie à croire sur parole tout ce qu'on a bien voulu m'enseigner, et Dieu sait tout ce qu'on m'a enseigné ! J'ai passé mes seconds vingt ans à me défaire pièce à pièce de ce bagage que j'avais péniblement amassé. Et maintenant, je consacre les derniers vingt ans qui me restent peut-être à vivre, à relever ma pensée de ses ruines et à reconstruire, pierre à pierre, l'édifice de mes connaissances.

A l'exemple du maître, je veux, dès aujourd'hui, essayer de refaire à neuf mon intelligence et ne pas continuer à vivre dans des erreurs que je prendrais pour des vérités. Comme Descartes, je m'assieds à l'écart, sur les bords du chemin où passent et repassent toutes les igno-

---

repose sur elle, et la suppose ; la question ne touche donc en rien aux croyances surnaturelles.

« De fait, il y a toujours intérêt et profit à passer au crible les vérités les plus assurées, à raisonner sa certitude, et à la mettre provisoirement en question, afin de se la démontrer, et de la reconquérir de nouveau. On la met à l'abri de l'objection, et des doutes à venir ; on la rend par là, sinon plus certaine, du moins plus motivée, et par suite plus inébranlable. » (P. Ch. Lahr, *Cours de philosophie*, t. II, p. 241.)

rances et toutes les erreurs, tous les préjugés et toutes les illusions des hommes.

Joseph de Maistre a fait sur les Français cette spirituelle réflexion : « Les Français ont, dans leur jugement, un sens exquis, pourvu qu'ils jugent assis. Leur malheur est que trop souvent ils jugent debout. » Si j'ai jamais jugé, je l'ai fait en courant ; aujourd'hui, je vais juger assis, recueilli en moi-même, et n'écoutant plus parler que la raison et la vérité des choses.

Les anciens rois de Babylone, en montant sur le trône, n'allaient pas habiter les palais de leurs prédécesseurs ; ils se bâtissaient une demeure nouvelle pour y installer leur nouvelle majesté et y abriter leur existence terrestre. En Egypte, au contraire, les pharaons pensaient d'abord à leur tombeau; du jour où ils arrivaient au pouvoir, ils commençaient la haute pyramide à l'ombre de laquelle ils viendraient dormir leur dernier sommeil.

De même, moi, je ne veux pas habiter l'hôtellerie banale où loge pêle-mêle la foule des passants. Je veux me dresser à part, sur la route, une tente solide et durable, qui serve à abriter les jours de mon pèlerinage ici-bas, et puis demeurer après ma mort la maison de mon éternité.

JE SUIS. (CONSCIENCE)

Comme Dante, au commencement de son poème sur l'Enfer, je me trouve errant au milieu d'une forêt obscure.

> Nel mezzo del camin di nostra vita.
> Mi retrovai per una silva oscura.

L'erreur et la vérité se disputent mon esprit. Les affirmations et les négations, les doutes et les incertitudes se heurtent, s'entre-choquent dans mon âme. Mais si j'affirme, si je nie, si je crois, si je doute, il s'en suit que je pense. Si je pense, je suis. Plus même je doute et plus je pense, plus je suis, comme l'a dit Descartes.

Vous plairait-il de dire que lorsque j'affirme, que je doute, que je nie, je me trompe et suis le jouet d'une illusion vaine ou d'un malin génie, comme le disait encore Descartes? « Mais, par là même que je me trompe, je suis », répond saint Augustin, car celui qui n'est pas ne peut se tromper, *qui non est, utique non falli potest* (*De civitate Dei,* lib. III, cap. xxvi). Ne ferais-je que rêver, ne serais-je même, selon le mot de Pindare qu'une ombre en rêve, je serais encore, et le sentiment de cette frêle existence ne me tromperait pas.

Telle est, en effet, la condition de l'être, que je suis, que je me sens vivre et agir. Si je souffre, je le sais ; si je pense, si je doute, je le sais ; si j'aime, si je veux, si j'espère, si je me souviens, etc., je le sais. Ainsi je saisis à la fois, dans une même connaissance, une même affirmation, une même conscience, ce triple fait : *je pense, je suis, je le sais.*

Ce sens intérieur par lequel je me connais, moi et tous les phénomènes qui se passent en moi, se nomme la conscience, *cum se scire,* se savoir avec soi. L'âme *se connaît elle-même par elle-même,* par un sentiment immédiat et direct, ainsi que s'exprime saint Augustin : *semetipsum per seipsum novit quoniam est incorporeus.* Et c'est là un fait des plus étonnants et des plus mystérieux, au dire de Cicéron, que l'âme se voit, s'observe par l'âme elle-même ; *animum ipsum animo videre.* (Tuscul. 1re.)

Elle est seule à se connaître. Personne ne peut voir notre âme ; aucun regard étranger n'y pénètre. Si je ne connaissais pas mes pensées, mes joies, mes douleurs, mes désirs, mes volontés, qui pourrait m'en instruire ? qui pourrait m'apprendre que je suis, si je ne le savais pas moi-même[1] ?

[1] La conscience pure de soi, de son être tout seul, en l'absence de tout phénomène, n'existe pas. Toutes les fois qu'on s'aperçoit, on s'aperçoit pensant, voulant ou sentant. On ne perçoit pas le fond substantiel de l'être, on le conçoit.

A plus forte raison, ne percevons-nous pas en nous-mêmes l'être infini, absolu, parfait, qui nous conditionne et nous dépasse. Le moi ne va pas plus loin que son activité propre, que ce soit en son être, en l'être matériel, ou en l'être divin.

Nous ne pouvons connaître directement l'être, la nature des corps, la substance ne se manifestant pas à nous sans des actes, sans des phénomènes. Nous ne les connaissons donc que par leurs actes, c'est-à-dire par leur manière d'être *(operatio sequitur esse)* comme le disent les scholastiques ; c'est pour cela que nous appelons ces opérations des phénomènes, précisément parce que l'être apparaît et se révèle dans son action. C'est ainsi que la cause efficiente se révèle expérimentalement dans un moteur qui agit sur un mobile.

Cependant nous connaissons l'être à un certain degré en connaissant notre être, en connaissant notre âme, non dans son essence absolue et totale, mais en tant que sentante, pensante et agissante.

L'être n'est jamais connu que partiellement. Il se présente à nous sous certaines qualités qui constituent toute existence dans laquelle l'être est réalisé.

Je suis, la matière est, c'est-à-dire l'être partiel, individuel et concret. Mais la substance, l'essence des choses, nous échappe.

Si donc l'âme perdait l'usage de sa conscience, elle serait, et ne saurait pas qu'elle est ; elle agirait, et ne saurait pas qu'elle agit. Elle serait comme si elle n'était pas.

Mais la conscience jouit de ce premier privilège, qu'aucun de ses phénomènes, aucune de ses opérations ne peuvent être mis en question.

Une âme qui souffre peut-elle sincèrement se dire à elle-même qu'elle ne souffre pas ? Si elle pense, si elle veut, si elle aime, si elle hait, etc., peut-elle, sans se mentir à elle-même, nier qu'elle pense, qu'elle veut, qu'elle aime, qu'elle hait, etc ? Le stoïcien antique, travaillé par la goutte, niait que la douleur fût un mal ; mais il ne niait pas sa douleur. Ce qu'on me dit, ce qu'on m'enseigne peut n'être pas vrai ; ce que je crois, ce que j'entends peut n'être pas réel ; je peux en douter. Mais que je souffre, que je pense, que je voie, que j'entende, il m'est impossible d'en douter.

Ainsi le témoignage de la conscience est, par nature, infaillible et ne trompe jamais ; sa certitude est absolue et sans condition. C'est pourquoi Descartes, qui avait poussé son doute méthodique à travers toutes les connaissances humaines et toutes les facultés de l'âme, s'est arrêté devant la conscience, et a posé cette première affirmation comme irrésistible : je pense, je suis. *Cogito, ergo sum.*

La conscience jouit d'un second privilège, celui d'être nécessaire aux manifestations de toutes les autres facultés. Elle est la condition obligée de toute connaissance, car il n'est pas de connaissance, sans savoir qu'on connaît. Si donc la conscience s'éteignait, toute lumière s'éteindrait en notre âme ; toute connaissance, toute vérité, toute vie, toute réalité disparaîtrait et la nuit couvrirait l'âme tout entière. Si la conscience était infidèle, si elle nous trompait, sa fausseté atteindrait tous les produits de nos facultés et l'homme ne pourrait plus se fier, ni à ses sens, ni à son intelligence, ni à son cœur, ni à sa raison.

Il importe de remarquer que cette infaillibilité absolue n'appartient qu'à la conscience spontanée qui se produit naturellement chez tous les hommes indépendamment de leur volonté. Mais cette conscience est complexe, et s'étend à la fois sur le moi tout entier ; et c'est pourquoi les phénomènes qu'elle révèle restent obscurs, vagues, fugitifs, et souvent passent inaperçus au fond de l'âme humaine [1].

---

[1] Fénélon distingue deux raisons (*Tr. de Dieu*, p. 1, ch. ii), l'une infaillible, impersonnelle, l'autre faillible et personnelle. La première est la raison telle qu'elle

Il existe un second état de la conscience où l'âme, se repliant sur elle-même, arrête au passage l'un de ces phénomènes et le soumet à une observation attentive. Cette seconde conscience, volontaire et réfléchie, a le pouvoir de rendre claires, distinctes, précises, les données confuses de la première ; mais elle a aussi le pouvoir d'en altérer la naturelle fidélité [1].

Elle peut, à la vérité, mêler l'erreur ; elle peut ne pas voir, dans les faits observés, tous les éléments qui y sont, et y voir, au contraire, des éléments qui n'y sont pas. Et c'est pourquoi cette conscience est faillible et sujette à l'erreur. Mais alors, à ces erreurs, la conscience naturelle et spontanée oppose ses réclamations, et seule peut ramener la science sur le chemin de la vérité.

La réflexion est l'instrument de la science psychologique où le moi se rend compte de lui-même et de son existence. La psychologie était considérée autrefois comme la première des sciences. L'exercice du sens intime, infiniment plus difficile que celui des sens extérieurs qui

nous est donnée et la deuxième est la raison telle que nous la faisons.

[1] Le témoignage, ce sentiment du phénomène est si intime, si direct, si immédiat, que nous n'y prenons pas garde, à moins d'y diriger toute notre attention.

s'ouvrent si facilement sur le monde matériel, était en honneur auprès des anciens sages qui faisaient un devoir de se connaître soi-même, et avaient inscrit, au fronton du temple de Delphes, le fameux précepte : Γνῶθι σέαυτον, connais-toi toi-même.

La puissance de *réfléchir* et de *se penser soi-même* est plus rare de nos jours. Les esprits sont attirés au dehors, vers les connaissances de la nature. Que d'hommes, et même de savants vivent sans se soucier de leur être et meurent sans avoir connu leur âme ! Littré, qui avait passé sa vie à étudier à fond la matière, eut l'heureuse idée, sur la fin de ses jours, de songer à se connaître lui-même. Il porta ses réflexions sur le monde intérieur, et, un jour, on l'entendit dire cette mémorable parole : « Je commence à sentir, en moi, mon âme[1]. »

Cette habitude de vivre beaucoup avec soi-même et moins avec les choses extérieures, au dire des moralistes, double les forces de l'esprit,

---

[1] On demande de démontrer l'existence de l'âme en nous, distincte du corps. L'ordre méthodique est renversé : Je pense, je suis est premier ; le corps ne l'est pas. On demande, étant en possession de son corps, de prouver son âme. On ne peut pas y trouver l'âme. Elle se connaît par elle-même et connaît, en outre, les deux réalités distinctes et agissant l'une avec l'autre.

diminue celle des passions, et sert heureusement à éclairer le chemin de la vie.

Qui comprendra jamais tous les mystères intimes renfermés dans le secret de la conscience ; tant de drames émouvants et terribles qui s'y accomplissent tous les jours, sans trêve ni repos ? La langue humaine ne sait où trouver des mots pour nommer des phénomènes sans nombre, ondoyants et divers, qui se mêlent et se heurtent, se soulèvent et s'abaissent comme les flots d'une mer battue par les vents ! Tous les plaisirs et toutes les douleurs, les faims et les soifs, les amours et les haines, les passions orageuses et les désirs insatiables ! Tout ce qui peut exister d'espérances et de déceptions, de joies et de tristesses, de tendresse et de dureté ! Tant d'ignorance et tant de science, tant d'erreurs et tant de vérités, tant de foi et tant de doute, tant d'égoïsme et tant de générosité, tant d'inconstance et tant de fidélité, tant de courage et tant de lâcheté, tant de grandeur et tant de servilité, tant d'honneur et tant d'indignité ! Ce ne sont pas là de vains mots, de vains fantômes qui ne représentent rien ; ce sont des réalités vivantes, puissantes et du plus haut prix. Tout cela est mon propre être, ma vie personnelle ; tout cela est le noble monde que je suis.

Je n'ai pas perdu mon temps sur ce revers du

chemin où je me suis assis tantôt : j'ai trouvé une première vérité, une première réalité, un premier monde, et ce monde, c'est mon être, c'est mon âme, le *moi*, et je dis : Je suis.

Et c'est là plus que le temple de Salomon, plus que la tour de Babel, plus que la grande pyramide de l'Egypte. C'est la première pierre sur laquelle reposera le monument de ma pensée. Je l'ai assis fortement sur le sol pour l'élever haut dans les cieux.

LA NATURE EST. (sens)

Je suis, mais je ne suis pas seul. Au sentiment intime que j'ai de mon existence, se trouve constamment lié le sentiment d'une autre existence que je rencontre devant moi. Je ne vis pas seul avec moi-même, perdu au fond de ma conscience solitaire. Cette conscience, que j'ai acquise de mon être personnel, redouble au contact d'un monde tout autre, qui agit sur moi et sur lequel j'exerce mon activité.

Je rencontre des limites, j'éprouve des résistances, je suis une force qui se mesure sans cesse avec des forces redoutables qui m'environnent de toutes parts.

Ainsi nous sommes deux êtres, deux mondes en présence : le *moi* et le *non-moi*, l'esprit et la matière. Leurs phénomènes sont de nature opposée et n'ont rien de commun ; ils s'excluent réciproquement, tellement ils sont différents.

A l'un, la pensée, la raison, le désir, la joie, l'amour, l'espérance, le souvenir, la liberté, la vertu, etc.; à l'autre, la couleur, le son, l'odeur, la saveur, la forme, le poids, l'étendue, la solidité, etc. L'homme voit les premiers en lui : il voit les derniers hors de lui ; ils lui sont un spectacle ; ils sont indépendants de sa volonté; ils existent sans lui, malgré lui, qu'il existe lui-même ou qu'il n'existe pas.

Ces deux mondes si différents nous sont connus par deux facultés très distinctes. De même que le *moi* m'est connu par la conscience, de même le *non-moi* m'est révélé par les sens. Tous les phénomènes de la nature, la lumière, les couleurs, les sons, les odeurs, les saveurs, le chaud, le froid, la pesanteur, etc., relèvent des sens : de la vue, de l'ouïe, de l'odorat, du goût et du tact. Si un homme est aveugle, privé de la vue, le monde des couleurs lui est inconnu; s'il est sourd, le monde sonore, etc. Si l'on fait la supposition d'un homme privé de tous ses sens, la nature entière disparaît et n'existe plus pour lui : il a perdu la connaissance de l'un des deux mondes : le monde matériel. De même que, s'il était privé de l'usage de sa conscience, il perdrait la vue de l'autre monde : le monde spirituel.

Mais les sens ne s'exercent que par l'intermédiaire d'organes corporels auxquels ils sont assujettis, et ces organes corporels ne s'exercent que sous l'influence des agents extérieurs de la nature auxquels ils correspondent. Ainsi le fait de voir implique trois facteurs : le sens de la vue dans l'âme, l'organe de l'œil dans le corps, et l'agent lumineux dans la nature. Le fait d'entendre implique l'ouïe, l'oreille et le son. Mon esprit est revêtu d'un corps organisé qui est tiré de la nature et qui y retourne. L'homme, a dit Bossuet, est un tout naturel, composé d'un corps et d'une âme. Les sens sont la faculté propre de ce tout naturel.

C'est dans les sens que s'opère la rencontre des deux mondes, agissant l'un sur l'autre : le corps et l'âme. Les deux agents s'y trouvent mêlés dans un même acte, dans une même fonction, moitié corps, moitié âme. Les deux substances se révèlent spontanément : dans toute opération des sens, l'âme sent et connaît à la fois l'être qu'elle est, et l'être qu'elle n'est pas, la force qu'elle exerce, et la force qu'elle subit; elle connaît qu'elle agit *et qu'elle est agie*, pour employer l'expression de Malebranche.

C'est pourquoi, comme la conscience, les sens ont leur certitude et leur infaillibilité naturelle. Et d'abord, le témoignage des sens est irrésistible comme celui de la conscience. Personne ne croira sincèrement que le soleil n'existe pas, ni le jour ni la nuit, ni les hivers ni les printemps, ni la terre, ni le ciel, ni l'eau, ni le feu, ni les animaux ni les hommes. Si rien de tout cela n'est vrai, le spectacle de cette belle et riche nature n'est plus qu'une illusion, une immense fantasmagorie. Les sciences qui ont fait tant de découvertes ne sont que d'inconcevables erreurs; les arts qui ont créé tant de chefs-d'œuvre n'ont mis au monde que des beautés imaginaires l'industrie ne produit que des rêves ; le commerce n'achète et ne vend pas même des ombres. Les peuples et les rois qui se disputent la possession de la terre ne sont que des chimères, et l'histoire n'est qu'un tissu de vains songes. Et tant de travaux et tant de peines, que les hommes ont l'air de se donner sur la terre, ne sont que des effets de leur imagination.

Mais il ne dépend pas de moi d'admettre ou de ne pas admettre la matière. Mon intelligence se refuse à penser que tous ces êtres qui composent l'univers ne sont que des fantômes s'agitant dans le vide, et ma volonté ne consentira jamais à se conduire et à vivre comme si la matière n'existait pas.

Nous avons dit que c'est la nature propre des sens de contenir à la fois le corps et l'âme L'homme vit dans son corps en même temps que dans son âme, et, en prenant possession de l'un, il prend, en même temps, possession de l'autre. C'est pourquoi mon corps est vrai comme mon âme, et les êtres de la nature sont vrais comme mon corps.

La certitude des sens est donc, comme celle de la conscience, première, naturelle, spontanée, immédiate.

C'est une erreur de Descartes et de beaucoup d'autres philosophes de démontrer l'existence des corps au moyen de la véracité de Dieu, d'une part, et, d'autre part, de la croyance invincible qui est en l'homme, à la réalité des êtres extérieurs. Non, l'évidence que nous avons de la matière ne provient pas d'un raisonnement; elle ne relève pas d'une vérité antérieurement connue; elle est simple, naturelle, primordiale; elle résulte de la constitution même de notre être intellectuel qui est organisé pour connaître la nature.

Les sens, dans l'exercice de leur activité spontanée, saisissent directement, immédiatement leur objet. Les sens sont donc une faculté première, naturelle, souveraine, indépendante, qui nous révèle l'existence du monde matériel.

Une seconde vérité existe donc, une seconde réalité, un nouveau monde en face du premier. La première vérité est : je suis. La seconde est :

la nature est ; la nature dont l'immensité s'étend dans les espaces infinis, et dont la puissante harmonie a ravi l'âme des Pythagore et des Newton. Et cette vérité, cette réalité est la seconde pierre fondamentale sur laquelle doit reposer l'édifice de mon intelligence renaissante

DIEU EST. (raison)

Je vis dans un troisième monde, un monde d'essence invisible et pure, qui n'est pas comme les précédents soumis aux conditions de la matière, de l'espace et du temps ; monde sublime, où se puisent les conceptions transcendantes de substance et de cause, de principe et de fin; monde incréé, où rien ne commence et rien ne finit, où tout est éternel, absolu, infini, divin.

Aristote, pour désigner le troisième monde, inventa le mot métaphysique, ce qui est au delà des choses physiques, μετὰ τὰ φυσικα, c'est-à-dire les choses vues dans leurs principes et leur raison d'être.

Et, en effet, au delà de cette voûte étoilée, qu'y a-t-il? au delà de tous les univers possibles, qu'y a-t-il? qu'y a-t-il au delà des temps? qu'y a-t-il au delà de l'océan des âges? A quelque point que vous vous arrêtiez de l'espace et du temps, toujours revient l'implacable question : Et au delà, et toujours au delà ?

Au delà, il y a l'immensité, l'éternité, l'infinité ; il y a ce que saint Paul a appelé les profondeurs de Dieu : *Profunda Dei* (I *Cor*., 2., 10), où nul œil ne peut voir et nulle science ne peut atteindre.

Que si l'homme tourne ses regards sur soi-même et descend en son âme, il y rencontre quelque chose de plus grand que lui ; il y rencontre un idéal de vérité qui dépasse infiniment tout ce que l'intelligence peut en connaître, un idéal de bien qui dépasse tout ce que la volonté peut en réaliser ; un idéal de beauté qui dépasse tout ce que son imagination peut en rêver ; enfin, un idéal de perfection qui éveille en lui des désirs et des ambitions qui ne s'apaisent jamais.

Or, c'est dans cet au delà de nos âmes que réside tout l'intérêt de la vie présente.

Que serait l'homme s'il cessait de tendre vers l'idéal ? s'il cessait de voir le bien, le vrai, le beau ; de remonter aux principes et aux causes ; s'il cessait de concevoir le parfait, l'infini, l'éternel, toutes ces idées immenses que contient l'intelligence la plus humble comme la plus élevée, qui sont aussi nécessaires à nos âmes que l'air à nos poumons, la lumière à nos yeux; en dehors desquelles nos esprits n'ont jamais vécu... et ne vivront jamais. Si bien que les philosophies les plus sceptiques, les doctrines les plus négatives ne feront jamais que vivre elles-mêmes de ces vérités qu'elles veulent détruire.

Or, l'homme possède un sens, une faculté propre, par laquelle il saisit ce monde idéal, infini, divin, aussi vrai et plus vrai que les deux autres; cette faculté, c'est la *raison*[1].

La connaissance que nous avons du bien, du vrai, des principes et des causes, de l'absolu et de l'infini, résulte d'une expérience non moins positive, non moins évidente que l'expérience de

---

[1] Les facultés proprement dites atteignent naturellement, sans travail, sans opération volontaire, des objets, des êtres, des réalités, des mondes, qu'elles sont chargées de connaître, et que seules, elles peuvent révéler. La raison impersonnelle, dont il est ici question, n'est pas comme on le suppose souvent l'ensemble de nos facultés, ni chacune d'elles en particulier, encore moins le raisonnement; la raison est une faculté, une force, un sens par lequel l'âme humaine saisit l'infini comme un objet réel, comme un monde supérieur à tous les mondes. Ce sens n'est pas plus occulte, plus mystérieux que les autres, pas plus que les sens extérieurs dont la perception est le mystère des mystères, pas plus que le sens intime, conscience, dont les révélations sont si incompréhensibles. Ce sens du divin n'est pas la religion, mais il la rend possible,

la conscience et des sens, mais elle s'opère par la *raison*[1].

En effet, l'analyse psychologique constate que le fait de la connaissance se passe de la manière suivante :

Aussitôt que les sens saisissent et affirment un phénomène naturel, aussitôt la raison conçoit et affirme une cause de ce phénomène. Aussitôt que la conscience saisit et affirme un acte volontaire et libre, aussitôt la raison conçoit et affirme un idéal de bien qui décide de la moralité de cet acte. Aussitôt que l'expérience saisit et affirme des êtres imparfaits, finis, contingents, aussitôt la raison conçoit et affirme un être parfait, infini, absolu.

En un mot, toujours un fait expérimental suscite un fait rationnel[2]. L'expérience atteint uni-

---

[1] La raison saisit tout d'abord les faits de quelque nature qu'ils soient, dans leur ensemble, leur totalité vague et obscure, leur complexité confuse, par une vue synthétique spontanée, atteignant les invisibles de Dieu à travers les visibles de ce monde, rattachant le fini à l'infini, dégageant de toute chose l'explication suprême, le principe des principes et la raison dernière.

Cette expérience est plus spirituelle, plus délicate, plus intime, plus aérienne, toute divine enfin et de nature infiniment supérieure.

[2] L'idée contingente et l'idée nécessaire ne peuvent faire leur apparition dans l'âme humaine indépendamment l'une de l'autre. La lumière intelligible de la

quement les phénomènes extérieurs ; la raison, les substantialités ; toujours l'absolu s'impose à la raison, comme les faits s'imposent à la conscience et aux sens et « l'*a priori* » existe au même titre que « l'*a posteriori*. »

Stuart Mill lui-même reconnaît que l'idée que nous avons tous de l'infini est aussi bonne, aussi naturelle, aussi positive qu'on peut le souhaiter. Et le positivisme qui fait reposer tout le savoir sur l'observation intégrale des faits, n'a pas le droit d'admettre, d'une part, la vérité et la fidélité des données de la conscience et des sens, et, d'autre part, la fausseté et l'infidélité des données de la raison.

L'être, l'infini, le parfait, le vrai, le bien, la substance, la cause sont la matière première de nos pensées, comme les couleurs, les sons et les saveurs, comme les idées, les sentiments et les volontés. Ainsi, même pour connaître la

raison n'est concevable qu'à la condition de s'unir à un fait expérimental soit intérieur, soit extérieur pour former avec lui une seule connaissance. De son côté l'élément expérimental, soit intérieur, soit extérieur, n'est perceptible qu'à la condition d'être éclairé par la lumière intelligible du monde rationnel. C'est ainsi que les objets de la nature ne sont visibles à l'œil de l'homme que par la lumière du soleil et la lumière du soleil visible que par les objets de la nature. Les rayons du soleil sont moins vus qu'ils ne donnent le moyen de voir.

matière, les sens ne suffisent pas ; la raison est nécessaire : aux simples phénomènes naturels, fournis par les sens, la raison ajoute l'idée d'être, de cause, etc.; et de là, sort la vraie notion que nous avons de la matière. De même, aux simples phénomènes psychologiques, fournis par la conscience, la raison ajoute ses conceptions substantielles; de là, la notion que nous avons de l'âme humaine. La connaissance donc que nous avons, soit de l'âme, soit de la matière, résulte de l'intime union de la métaphysique et de l'expérience. Le sens intime est la conscience de la vie propre, intérieure et psychologique de l'âme ; les sens sont la conscience de sa vie extérieure et corporelle, comme la raison est la conscience de sa vie idéale et divine. Trois régions, trois mondes, trois vies, trois sens ou facultés révèlent les manifestations de ces trois vies distinctes.

Je vis dans mon corps et dans mes organes, comme je vis dans mon âme et dans mes pensées ; j'agis sur mes organes, comme j'agis sur ma volonté ; et, par mes organes, j'agis sur les êtres de la nature, comme les êtres de la nature, par le moyen de ces mêmes organes, agissent sur mon âme elle-même. Le mécanisme est celui-ci : une âme toute spirituelle, des sens moitié âme et moitié corps, et un corps pur matière. Mon corps est vrai comme mon âme, et les corps sont aussi vrais que mon corps. De même que, dans les sens, s'opère la rencontre du corps et de l'âme ; de même, dans la raison, s'opère la rencontre de l'âme et de Dieu. Elle est, dit saint Grégoire de Nazianze, la lumière divine faite âme, inessentiée à l'âme : *Divinam lucem animæ inessentiatam*[1]. Elle est plus ou moins âme, plus ou moins Dieu, selon qu'un homme aime davantage son âme, ou davantage son Dieu, et vit plus volontiers avec son âme ou avec son Dieu. Saint Paul, l'homme du troisième ciel, sentant en lui l'action de la grâce de Jésus-Christ, s'écriait : « Ce n'est plus moi qui vis, c'est Jésus-Christ qui vit en moi. *Vivo jam non ego, vivit vero in me Christus* ». (Galat. II, 20.)

Ainsi donc, l'âme a une vie commune et avec le corps et avec Dieu. Pour dire : *Je suis, la matière est, Dieu est*, la présence des trois facultés premières est nécessaire, car ces facultés n'agissent point seules, isolées, indépendamment l'une de l'autre, mais elles travaillent en commun à la production de chacune de ces vérités.

L'âme ne peut accomplir même les opérations

---

[1] Saint Thomas emploie une expression analogue : *Impressio divini luminis in nobis*, elle est l'empreinte de la lumière divine sur nous, l'impression qu'exerce sur nous la lumière divine.

qui lui sont propres, sans le concours, à la fois, de la raison et des sens. L'acte de la pensée, par exemple, ne peut être exercé par l'esprit sans la lumière [1] qui lui vient de la raison d'une part, et, d'autre part, sans les données sensibles qui lui arrivent par les organes du corps. Tout ce qui se passe dans l'âme est lié à quelque modification corporelle. L'acte organique, l'acte mental et l'acte divin sont déterminés les uns par les autres, dans une indissoluble et indéfectible solidarité. Les trois facteurs, quoique logiquement distincts, se confondent et s'identifient dans l'indivisible unité de la vie. L'homme met à la fois toutes ses conceptions dans toutes ses œuvres : ce qu'il a vu du monde extérieur, ce qu'il a éprouvé lui-même, et ce qu'il a entrevu de l'idéal et de l'infini. Le corps et la raison entrent comme parties essentielles dans la constitution de la personne humaine.

Mais est-il besoin de faire observer que la raison est une tout autre faculté que la conscience et les sens ? Par la raison, l'homme participe du

[1] L'attribut divin par lequel Dieu éclaire notre raison est ce que saint Thomas appelle verbe, ou la lumière qui éclaire tout homme venant en ce monde. Nous ne sommes pas lumière naturellement, naturellement notre intelligence est aveugle, ténébreuse. La lumière luit dans les ténèbres. Notre raison n'est qu'une empreinte, une image créée de la lumière incréée (Fargas).

divin et de l'absolu, et cette participation communique à la personne humaine une valeur absolue, et pour ainsi dire divine. « Par sa raison, l'homme a l'instinct et la mystérieuse perspective d'un ordre supérieur. C'est la sublimité de sa nature que son âme entrevoit l'infini et y aspire ; c'est l'infirmité de sa condition actuelle que sa science se renferme dans ce monde fini qu'il n'habite qu'en passant[1]. » C'est pourquoi le caractère éminent de la raison est d'élever l'âme au-dessus de la conscience et des sens, dans un monde supérieur qui dépasse les deux autres de toute la hauteur de l'infini.

« La raison qui m'éclaire, a dit Fénélon, n'est pas ma propre raison[2], elle est la raison même, c'est-à-dire la raison de Dieu. »

Ce qui me commande d'être vrai ne peut être que la Vérité elle-même. Ce qui me commande de faire le bien ne peut être que le Bien lui-même. Ce qui me commande d'être juste ne peut être que la Justice elle-même. La raison individuelle trouve sa règle et sa loi, non point en elle-même, mais dans les droits imprescriptibles de l'immuable Vérité : si je vois les iniquités qui remplissent la terre, ce n'est qu'à la clarté

---

[1] Guizot.
[2] C'est-à-dire ma raison personnelle ou individuelle.

de la justice éternelle que je les vois ; si je compte les erreurs et les imperfections de ce monde, c'est l'image de la perfection souveraine de Dieu qui est en moi, qui fait que je les distingue. Aucune force n'est sur terre de même ordre et de même nature que la raison : elle s'impose à l'intelligence, au cœur, à la volonté, à l'action, à la vie entière. Violée, foulée aux pieds, elle n'a rien perdu de son pouvoir, elle redit son commandement avec la même autorité et la même force impérative.

Le devoir de l'homme, dès lors qu'il est capable de raison, est de vivre selon la raison ; hors de la raison, il n'y a que déraison et démence. Un excellent esprit disait : « J'ai cherché comment je pourrais devenir libre penseur et je n'ai pas pu y parvenir, parce que j'ai toujours senti que la raison, la beauté, la vérité, la justice ne m'appartenaient pas en propre ! » Elles nous sont prêtées : la raison à tous les hommes, la beauté à quelques-uns et pour un temps, la vérité à ceux qui la cherchent, et la justice à ceux qui la pratiquent[1].

---

[1] Une âme, dit saint Augustin, sans être vraie, bonne et juste, peut en se repliant sur elle-même, non seulement se connaître, mais connaître la droiture, la bonté, la justice; elle les voit, non comme des qualités qui lui sont propres, mais comme des principes qui

Nous avons établi que les vérités rationnelles sont aussi certaines que les vérités naturelles et personnelles, la raison est aussi vraie et aussi infaillible que la conscience et les sens. L'être, l'éternité fournis par la raison, sont aussi certains que *je pense, je suis*, donnés par la conscience. Le monde métaphysique est aussi vrai que le monde matériel ; Dieu, aussi certain que le moi et la nature.

La raison est même plus vraie que la conscience et les sens, les vérités de Dieu sont bien plus que les vérités de l'homme et de la nature, car elles sont *essentiellement* vraies, les autres ne sont qu'*empiriquement* vraies et pourraient n'être pas. Ce qui est parfait, éternel, absolu, existe bien plus que ce qui n'est qu'un peu, que ce qui n'est qu'un temps, que ce qui n'est que d'emprunt. Les principes et les raisons des choses existent plus que les choses elles-mêmes. Les phénomènes qui se voient sont bien inférieurs aux causes qui se conçoivent, et l'intelligence elle-même, consiste bien plus à comprendre ce qui ne se voit pas, qu'à comprendre ce qui se voit. Enfin, l'idéal existe bien plus que ce que nous nommons la réalité ; car tout le travail et

doivent régir ses pensées et ses actes. Loi absolue, impersonnelle, portant en soi son évidence éclatante et son autorité irréfragable.

toute l'œuvre de l'homme ici-bas est de faire entrer, dans sa vie réelle, le plus d'idéal et de perfection possible, et l'homme élève son idéal aussitôt qu'il le voit réalisé. C'est la nature de l'idéal d'aller toujours en s'élevant ; car l'idéal, sitôt qu'il est réalisé n'est plus l'idéal, mais devient du réel, et l'homme le poursuit dans des régions nouvelles, à de plus grandes hauteurs. La vie, comme l'art, n'est que pressentiment et aspiration.

Ces trois facultés : la conscience, les sens, la raison, sont premières et antérieures à toute opération de l'esprit, elles mettent l'âme en présence des réalités et des vérités premières. C'est pourquoi leur certitude est nécessaire, immédiate [1], et nul n'y peut contredire. Les certitudes médiates, au contraire, s'obtiennent par le travail de la pensée, à l'aide d'opérations secondaires de l'esprit telles que : l'observation, la comparaison, l'abstraction, la généralisation, le raisonnement. Plus les conclusions à atteindre sont éloignées de l'esprit, les vérités obscures, cachées et inattendues, plus il est difficile de connaître la vérité. L'un y arrive, l'autre n'y

---

[1] Ne pas confondre *essence* et *existence*. Les facultés premières ne donnent pas la connaissance immédiate de ce que sont l'âme, la nature et Dieu, mais seulement la certitude immédiate que ces trois mondes existent,

atteint pas; beaucoup restent à mi-chemin; d'autres s'égarent et se perdent dans toutes sortes d'erreurs; la plupart restent dans l'ignorance.

Il est des vérités naturelles nécessaires, qui ne relèvent pas du travail humain, qui s'obscurcissent plutôt par le travail de la science et de la philosophie[1]. Ces faits sont primitifs et se passent chez tous les hommes avant toute erreur possible, avant toute culture et tout enseignement, avant toute science et toute philosophie; alors que l'âme est une, simple, naïve et vraie, qu'elle est encore inculte, ignorante, et, pour ainsi dire, brute, pour employer les énergiques expressions de Tertullien : *animam rudem, impolitam, idiotam.*

Dans ces conditions, les trois facultés ont une vertu propre, essentielle, naturelle; elles sont vraies et infaillibles, elles ne peuvent se tromper. S'il y a erreur, c'est nous qui nous trompons nous-mêmes en affirmant quand nos facultés se taisent. Si ces facultés se trompaient, comment les rectifier et les ramener sur la voie de la vérité? A quel juge en appeler? L'erreur serait radicale et sans remède, et le scepticisme,

---

[1] L'intelligence commence par des vérités qu'elle n'a pas faites, mais qui s'imposent à elle.

qui est la négation de toute vérité, serait l'unique vérité.

Telle est encore la vertu essentielle, naturelle, de ces trois facultés premières, que quiconque veut les nier commence par les admettre, et que quiconque veut les prouver commence par s'appuyer sur elles. On ne peut ni les démontrer, ni les contester, sans se servir de leur témoignage, et, par conséquent, sans faire une pétition de principe des plus manifeste, c'est-à-dire prouver ces facultés par ces facultés elles-mêmes.

Il suit de là que les trois vérités premières : le moi, la matière et Dieu, sont au-dessus de tout doute et de toute démonstration.

Ce qu'il y a de plus certain, ce n'est pas ce qui est démontré, c'est ce qui n'a pas besoin de l'être, et, ce que l'on sait le mieux, comme l'a dit Vauvenargues, ce sont les choses qu'on n'a jamais apprises.

Ces trois certitudes, de la raison, de la conscience et des sens, sont considérées par les philosophes comme étant de même nature et appartenant à un seul critérium de vérité. Descartes a ramené toute certitude à un critérium unique, celui de l'évidence, c'est-à-dire de l'idée claire et distincte ; il a très bien établi l'irrésistible autorité de l'évidence. L'esprit ne peut rien désirer au delà de l'évidence et de l'idée claire, elle lui donne pleine satisfaction. Par exemple : je pense, je suis, ce qui n'est pas ne peut penser, etc., sont des idées parfaitement claires ; toute l'évidence possible est là, et toute certitude.

Oui, dans l'ordre des vérités expérimentales et scientifiques, Descartes a eu raison de prendre l'évidence pour critérium de la vérité. Mais il a eu tort d'ajouter qu'il ne recevrait jamais aucune chose pour vraie, à moins qu'il ne la connût évidemment être telle. Toutes les écoles philosophiques, depuis lors, ont accepté le principe cartésien d'un critérium unique de toute certitude, et c'est cette erreur fondamentale qui a conduit la science moderne au positivisme et à la libre pensée.

La science, qui a pour objet les phénomènes et les lois de ce monde, se compose d'idées claires, précises, définies, bien démontrées, parce qu'elles sont proportionnelles à la nature de l'esprit humain[1]. Mais la science expérimentale n'est pas toute la vérité, il y a l'au-delà de la science.

La raison est en possession d'idées vraies

[1] Il faut en outre, reconnaître que les objets de la nature font sur nous une impression plus vive et plus sensible que les idées pures et les vérités d'ordre éternel.

et certaines et qui n'ont aucune évidence intrinsèque, parce qu'elles sont en complète disproportion avec notre intelligence. (Rien n'est accessible à notre esprit que sous la condition de la limite et de la détermination.) J'affirme, par exemple, l'éternité ; elle est certaine, et je ne comprends pas l'éternité ; j'affirme plus que je ne comprends. Nul esprit n'échappe à la notion de l'infini, et la notion de l'infini a ce double caractère de s'imposer et d'être incompréhensible. L'être de la matière, la vie du végétal, l'instinct de l'animal, la raison de l'homme, l'infinité de Dieu, qui sont les cinq formes substantielles de l'échelle ascensionnelle des êtres, sont pour nous, des mystères, en même temps que des certitudes. Le philosophe Sénèque avait déjà fait cette sage remarque, que la raison n'est pas toute en lumière ; sa partie la plus riche et la meilleure est obscure et cachée. « *Ratio non impletur manifestis ; Pars ejus major ac melior in occultis est.* »

En effet, de la raison, nous ne voyons que le côté par lequel elle confine à nos âmes et fait partie de notre existence ; le côté par lequel elle touche à Dieu et à ses profondeurs nous échappe. C'est, dit Littré, « un océan qui vient battre notre rive et pour lequel nous n'avons ni barque, ni voile, mais dont la claire vision est aussi salutaire que formidable. » (Aug. Comte, *Philos. posit.*, 519).

L'idée claire n'est donc pas l'unique vérité, ni l'unique certitude. Un savant psychologue a même mieux dit : « Celui qui n'aurait que des idées claires serait assurément un sot », et il ajoutait : « Les notions les plus précieuses que recèle l'intelligence humaine sont tout au fond de la scène et dans un demi-jour où nous les apercevons comme en image et en énigme[1]. »

Ainsi donc, les concepts de la raison n'arrivent *jamais* à leur évidence et *toujours* à leur certitude. S'ils n'ont pas les clartés que procure le travail libre de la pensée et de la science, ils ont une vertu propre, une force naturelle qui détermine la certitude. Ils pèsent sur l'esprit de tout le poids de l'infini. L'action que leur réalité exerce sur l'intelligence et sur la volonté est indéniable, sollicitante, persuasive. Le critérium réside dans la nécessité de l'affirmation.

L'homme est-il vraiment libre de croire ou de ne pas croire à sa conscience, à sa propre exis-

---

[1] On rétrécit l'esprit humain en le limitant aux idées claires. On se prive des plus grandes vérités, en ne reconnaissant que ce qui est démontré. Il y a tant de choses que nous ne pouvons que deviner, augurer, pressentir. Et l'idée claire a la possession même de son objet.

tence ? Est-il libre de croire ou de ne pas croire à ses sens et à l'existence de la matière ? Est-il libre de croire ou de ne pas croire à sa raison et à l'existence de Dieu ?..... Il semble qu'il ne devrait pouvoir aller contre sa nature, puisqu'il est nécessité à y croire par la force même des choses, ce que les anciens philosophes appelaient *natura rerum*, qui est plus fort que tout[1].

Résumons cette étude : Dans le champ que parcourt la pensée humaine, on peut concevoir deux cercles concentriques ; l'un, d'un rayon très court, contient les vérités accessibles à nos sens et à la conscience, et là se réduit le domaine des sciences humaines ; l'autre, dont le diamètre se perd dans l'infini, comprend les vérités divines et forme le domaine de la raison[2]. Dans ce

---

[1] Mais l'homme est libre de résister, s'il le veut, à Dieu même ; il peut douter, nier, fermer son esprit et son cœur, rester aveugle et sourd. Si Dieu n'a pas donné à son existence et à ses perfections une évidence irrésistible, c'est parce qu'il a voulu que l'homme demeurât maître de l'accepter ou de le refuser. Tout le prix de la vie est dans cette liberté.

[2] Nos philosophes sont arrivés à admettre que ces hautes idées ne représentent point des choses en soi ; les idées de bien, de justice, de droit, de devoir, sont des concepts vides de l'esprit. Plus de devoir, l'inanité du principe entraîne l'inanité de la conséquence. Nulle autorité. Plus d'impératif catégorique.

Arrivés sur les confins de ce monde visible, leur vue

domaine immense s'élève un troisième monde, supérieur à la nature, supérieur à l'homme et à tous les univers possibles, et ce monde nécessaire, absolu, éternel, infini, c'est Dieu.

Cet infini qui est sans limite et qui ne tient en rien du néant, c'est Dieu.

Cet absolu qui tire de lui-même de quoi exister et de quoi faire exister les autres, c'est Dieu.

Cet éternel qui est avant le temps, hors du temps et n'a pas de commencement, c'est Dieu.

Ce parfait qui est l'être, tout l'être, tellement plein de vie et d'être qu'il en peut donner au néant, c'est Dieu.

Cette raison, par laquelle tous les hommes sont raisonnables, c'est Dieu.

Cette justice par laquelle les hommes sont justes, c'est Dieu.

Ce bonheur, par lequel les hommes sont heureux, c'est Dieu.

Ces concepts transcendants de la raison sont les attributs[1], les perfections inépuisables de

---

se trouble ; notre pénétration nous abandonne dès que nous arrivons aux facultés premières. (Janet, p. 532, Kant, p. 537.)

[1] Ces attributs divins ne sont qu'une représentation humaine de la nature divine. Elle n'est pas infidèle à son objet. Elle en est la traduction dans la langue des hommes. Les attributs ne sont que des symboles (images

l'être nécessaire, du principe unique qui, dans toutes les langues, chez tous les peuples, porte le plus grand nom qui ait jamais passé sur les lèvres humaines, le nom de Dieu.

Donné par la raison, Dieu est donc naturel, naturel comme l'âme, naturel comme le monde, et la philosophie ne l'a pas inventé, pas plus qu'elle n'a inventé la nature, pas plus qu'elle n'a inventé l'homme. On n'invente pas un être de la nature de Dieu, et on n'invente pas une force de la nature de la raison [1].

C'est pourquoi Dieu n'est jamais ignoré : il est aimé ou haï, adoré ou blasphémé, affirmé ou nié, mais inconnu jamais. « Dieu n'a pu être

---

ou ressemblances), des noms approximatifs (non adequats), par lesquels nous nous représentons ce qui correspond en Dieu aux diverses perfections des choses.

[1] L'homme est naturellement religieux, aussi la preuve de Dieu, *par l'instinct*, est-elle la première. La deuxième est tirée de la présence de la raison en l'homme : Quel est l'être de la raison ? la vérité de la raison ? la raison de la raison ? C'est Dieu ! le bien, le vrai, le beau, l'immensité, l'éternité, etc., etc. C'est Dieu.

La troisième preuve se tire de la science, lorsqu'elle veut bien remonter aux origines, aux principes, aux causes. L'intelligence n'est encore que la route de la vérité tant qu'elle n'a pas obtenu la raison des choses qui sont les lois, et la raison, plus encore que les lois qui est Dieu. Cette raison est en dehors de la loi, plus haute que la loi, c'est la loi dernière et suprême.

ignoré à cause de sa grandeur, dit Tertullien, et il ne doit pas l'être, à cause de sa bonté. »

Aussi, si Dieu n'est pas, il est la plus grande erreur qui ait entaché l'esprit humain, une erreur inexplicable, incompréhensible. « Celui qui croit en Dieu, a dit Voltaire, doit dévorer des difficultés, mais celui qui n'y croit pas doit dévorer des absurdités. »

Chose étrange! plus la pensée humaine travaille et étend ses connaissances, plus l'existence de Dieu est mise en cause. A l'origine, on croyait en Dieu, sans penser à se le prouver à soi-même; on le connaissait, on le touchait, pour ainsi dire, avec la raison, comme on touche la matière avec la main, pour employer une expression de saint Paul : *si forte attrectent eum (Actes, 17-27)*. Ces âmes droites et simples étaient plus sûres de lui que d'elles-mêmes, et sa vérité était plus claire que toutes les autres vérités. Et c'est là la bonne manière de croire en Dieu. Aujourd'hui, Dieu a besoin d'être prouvé, il faut chercher des raisons, à l'aide desquelles, on puisse établir qu'il existe. Ces preuves n'ont pas manqué; elles se sont multipliées sous la plume des théologiens et des philosophes, mais nous n'avons pas à nous en occuper ici; il importe, au contraire, de dire quelques mots de la religion.

La vérité religieuse ne s'impose pas comme les vérités mathématiques. C'est librement que nous l'acceptons. Elle réclame de nous des dispositions psychologiques qui font de l'adhésion que nous lui donnons une vertu qu'on appelle la foi. C'est pourquoi Mme de Staël aimait à répéter : « Sanctifiez votre âme comme un temple, si vous voulez que l'ange de la vérité s'y montre. »

La cause de cette différence entre les vérités de l'ordre mathématique et celles de l'ordre moral, est dans leur nature même ; tandis que les premières ne s'adressent qu'à notre intelligence, comme faculté purement spéculative, les autres prétendent régir notre volonté, et condamnent, sans trêve ni merci, toutes nos passions. Les vérités morales et religieuses doivent donc fatalement soulever contre elles tous les mauvais instincts de notre nature. C'est la raison pour laquelle l'existence de Dieu a pu être niée.

L'HUMANITÉ EST

Nous avons reconnu l'existence de trois mondes différents : le moi, la nature et Dieu, et ces trois mondes sont réunis dans un seul être, dans l'homme. Or, l'homme, l'être humain se trouve multiplié sur la terre en des individualités sans nombre, en des générations successives qui se perpétuent sans fin, et cet ensemble de générations humaines constitue un quatrième monde qui se nomme l'humanité.

Parmi les êtres qui habitent la surface de la terre, quelques-uns se distinguent particulièrement de tous les autres en ce qu'ils me ressemblent et sont des hommes comme moi : comme moi, ils ont des sens et un corps organisé ; comme moi, une conscience, une intelligence, un cœur, une âme ; comme moi, une raison et la vue d'un idéal infini. Je vis, avec eux, d'une vie nouvelle ; ils me disent mille choses qui me font souffrir et pleurer, jouir et espérer, penser et aimer ; quelques-uns m'appellent leur fils, leur fille, leur frère, leur sœur, leur ami; ceux-ci déchirent mon âme, ceux-là me la ravissent. Je n'ai que vingt ans, et, déjà, j'ai goûté à ces tristesses et à ces joies, à ces peines et à ces bonheurs que nous nous donnons les uns aux autres.

Et, dans tout cela, le sentiment de mon existence personnelle redouble de vivacité, en se répercutant dans ces êtres qui sont ma vivante image.

La longue suite des générations humaines qui traversent les siècles, enchaînés les uns aux autres, sont divisées en familles, en cités, en nations, en patries nombreuses. Partout, il y a le berceau des enfants qui naissent, la couche des époux qui s'unissent, la tombe des vieillards qui meurent.

Il y a les souvenirs des anciens âges, les hymnes des pieux mortels, les chants des poètes, les pensées des sages, les idiomes différents des peuples. Il y a les découvertes des sciences, les œuvres des arts, les temples, les palais, les tombeaux, etc., monuments sans nombre, témoins fidèles des siècles écoulés, magnifiques créations par lesquelles les générations qui précèdent instruisent les générations qui suivent. Il y a la propriété, les héritages qui se transmettent des pères aux enfants et qui engendrent tant de querelles fraternelles. Il y a l'inévitable inégalité des conditions humaines, l'homme libre et l'esclave, le fort et le faible, le bon et le méchant, le riche et le pauvre, le maître et l'ouvrier, le savetier et le financier ; toute cette mêlée confuse et tumultueuse où les hommes s'agitent et se débattent pour se tirer le plus avantageusement possible des luttes perpétuelles qui s'appellent la bataille de la vie. Il y a les gouvernements et les constitutions, les peuples et les rois, la force et le droit, l'autorité et la liberté ; et quand les ambitions et les intérêts ne peuvent plus s'entendre, il y a les champs de bataille où se vident, dans le sang, les querelles des princes et où se joue le sort des nations. Enfin, il y a l'histoire qui enregistre, dans un livre de vie, tout ce bruit qui se fait sur la terre, et les grandes choses et les grands noms, et les peuples qui montent sur la scène, et les peuples qui en descendent, et le cours précipité des siècles, et la marche lente et progressive des civilisations.

L'existence des faits et des événements qui composent la vie de l'humanité n'est pas moins certaine, moins évidente, que l'existence des trois mondes précédents. Je suis aussi sûr de l'existence des hommes et des nations qui peuplent le globe, que je suis sûr du ciel et de la terre, des animaux et des végétaux. Je ne doute pas plus de mon père, de ma mère, de mon village, de ma patrie, que je ne doute de ma propre existence.

La prétention, attribuée à Descartes, de tout connaître par lui-même et jusqu'à l'évidence personnelle, d'imposer au savant l'obligation de n'admettre que ce qu'il aurait constaté lui-même et vérifié, de ne s'en fier à aucune autorité, était-elle sérieuse et réellement entendue dans sa pensée ? elle ruinerait non seulement l'histoire qu'elle rendrait impossible, mais elle rendrait aussi impossibles toutes les sciences de la nature. Que deviendrait l'astronomie, s'il fallait que chaque astronome relevât lui-même toutes les positions des étoiles ? Que deviendrait la chimie, si chaque chimiste était obligé de recommencer toutes les analyses et toutes les synthèses ? Que deviendrait la partie pratique des mathématiques, si chaque calculateur devait vérifier les tables de logarithmes et les instruments dont il se sert ? Ce serait la mort de toutes les sciences expérimentales ! A la rigueur, la science, individuellement entendue, comme le faisait Descartes, aurait cette exigence : l'instrument, la table de logarithmes, achetés par le savant qui s'en sert, peuvent être fautifs. Le *summum jus, summa injuria*, existe au point de vue pratique. La science ne doit pas être considérée comme une œuvre exclusivement individuelle, mais comme une œuvre collective et sociale ; sinon, la science et le savant ne seraient qu'une seule et même chose. Le savant fait appel à l'autorité compétente et légitime, en fait d'histoire, en se confiant aux découvertes réellement historiques de ses devanciers.

Je crois aux monuments des lettres, des arts, des sciences que le génie humain a créés, comme je crois à l'idéal éternel du vrai, du bien, du beau. Cette quatrième certitude est aussi solide, aussi irrésistible que les trois autres, mais elle n'est pas, comme elles, de premier ordre et de nature absolue. Elle n'est pas première : car je ne connais l'existence de l'humanité qu'autant que je connais préalablement mon existence, celle de la nature et celle de Dieu. Elle n'est pas absolue et sans condition : car elle repose sur le témoignage des hommes et sur une suite de traditions ininterrompues qui conservent et transmettent, à travers le temps, les événements accomplis; et ce témoignage et ces traditions, pour être à l'abri de toute erreur et revêtir le caractère de la certitude, sont soumis à des conditions que déterminent les règles de la logique et les lois de la critique historique.

Un quatrième monde existe qui est hors de doute, le monde social, le monde de l'humanité. L'humanité remplit les siècles et couvre la terre de ses générations successives. C'est elle qui donne au temps son prix, à la terre sa valeur. Comme les siècles seraient vides et la terre inutile, si l'homme n'y était pas !

QUATRE MONDES EXISTENT

Trouveriez-vous un seul homme qui croie au néant et qui se dise sincèrement à lui-même : Rien n'existe, je ne suis pas, la nature n'est pas, Dieu n'est pas, les hommes ne sont pas, rien n'est, le néant seul existe. L'aberration humaine est grande, mais elle ne va pas jusque-là ; il y a une limite à la négation et au doute. Si le néant seul existait, qui donc le saurait ? Qui en prononcerait le nom ? Le néant n'est pas.

Quatre ordres de vérités, quatre mondes différents existent, pas un de plus, pas un de moins. L'âme jouit par nature de trois facultés premières, ordonnées objectivement, c'est-à-dire en vue de trois objets différents auxquelles elles correspondent : la conscience répond au moi et témoigne de son existence[1], les sens répondent

[1] Voir note en appendice à la fin du chapitre, p. 71.

à la nature et témoignent de son existence, la raison répond à Dieu et témoigne de son existence. Et les trois facultés réunies dans des êtres nombreux qui me ressemblent, témoignent de l'existence de l'humanité.

Les quatre mondes sont essentiellement distincts et peuvent se caractériser d'un seul mot :

Le premier, je suis, se pose ;

Le deuxième, la nature est, s'oppose ;

Le troisième, Dieu est, s'impose ;

Le quatrième, l'humanité est, se compose.

Le monde divin est le monde de la nécessité, il ne peut pas ne pas être. Le monde matériel est le monde de la fatalité ; il est forcé d'être ce qu'il est, *materia cui datum est cogi*, disaient les anciens. Le monde personnel est le monde de la liberté ; il est ce qu'il veut être. Le monde social est le monde de la perfectibilité ; il devient ce qu'il doit être.

Les trois premiers sont de natures si différentes et si contraires, que, si l'un d'eux était perdu, on ne le retrouverait pas à l'aide des deux autres.

Diminuez, tant qu'il vous plaira, la lumière d'un esprit, vous n'en ferez pas un atome. Augmentez, tant qu'il vous plaira, la force d'un atome, vous n'en ferez pas un esprit. Ajoutez, tant qu'il vous plaira, l'esprit à l'esprit, l'atome à l'atome, vous n'en ferez pas Dieu. Tellement les trois règnes sont distincts et en opposition les uns avec les autres.

C'est pourquoi ces mondes n'ont jamais été découverts, mais ils se sont toujours tous trouvés dans la pensée de tous les hommes, et la pensée des hommes, malgré toutes ses recherches, n'a jamais rencontré que quatre ordres de vérités : les vérités de Dieu, les vérités de l'âme, les vérités de la nature et les vérités de la société[1].

Pourtant l'esprit humain ne se partage pas en quatre régions isolées et inconnues les unes aux autres. Pour être parfaitement distincts, tous ces mondes n'en sont pas moins harmoniques dans nos âmes, ils s'appellent et se répondent, ils se renvoient l'un à l'autre leurs images et se prêtent mutuellement leurs propriétés, leurs

---

[1] Les trois réalités qui supportent toutes nos affirmations, et qui elles-mêmes ne reposent sur aucune affirmation qui les précède, la croyance en Dieu, en l'âme humaine, en la nature extérieure, ne dépendent pas de la philosophie, des labeurs du siècle, de l'avancement des sciences et des progrès de notre intelligence. Elles sont aussi fermes dans l'âme du laboureur que dans l'âme de Platon ou de Bossuet. Elles y sont même mieux enracinées et plus profondes ; c'est ainsi que la vue des sauvages est plus forte, plus étendue que celle des savants.

forces et leurs beautés. Ainsi, une petite fleur aux yeux bleus s'appelle *aimez-moi;* la jeune fille est une rose.

> Et rose elle a vécu ce que vivent les roses,
> L'espace d'un matin.

Le poète prête son âme à la nature et anime les êtres insensibles ; l'artiste fait respirer le bronze et pleurer le marbre. L'âme religieuse voit, à travers les choses visibles, les invisibles de Dieu : elle entend les cieux raconter la gloire de leur auteur, le jour l'annoncer au jour, et la nuit la redire à la nuit. Les anciens peuples ont même divinisé les phénomènes de la nature et les passions humaines : du soleil et des astres, des vents et des flots, de l'amour et de la gloire, ils ont fait des dieux.

En l'homme, une splendide faculté, l'imagination, est chargée d'unir, dans une même œuvre, tous les mondes ; c'est pourquoi elle exerce sur les esprits un charme séducteur et un magique empire. Une harmonie si intime existe entre les phénomènes du dehors et les sentiments de l'âme, que l'homme, en voyant la chute des feuilles, ne peut s'empêcher de voir la fragilité de sa vie, et, en voyant les luttes des éléments et la violence de la tempête, il croit voir comme bondir ses propres passions devant ses yeux.

Toutefois, ces quatre mondes ne sont pas placés sur le même rang. Le rapport de l'homme vis-à-vis de Dieu est un rapport d'infériorité ; tout son être relève de Dieu qui le domine de toute la hauteur de l'infini. Le rapport de l'homme vis-à-vis de la nature est un rapport de supériorité ; les êtres visibles sont à son usage, il les dépasse de toute la grandeur de la raison. Le rapport de l'homme vis-à-vis de ses semblables est un rapport d'égalité et de fraternité : placés sur le même niveau, ils marchent ensemble, vers une commune destinée.

L'homme est donc plus que la nature et moins que Dieu ; il est, dans le temps, plus que le temps, et moins que l'éternité. Il se doit au vrai, au bien, au beau, au juste, au saint, à toutes les vérités de Dieu, et il meurt volontairement pour la justice, la patrie et l'humanité ; mais il vaut plus que les vérités de la nature. L'astronome florentin eut raison de ne pas sacrifier sa vie pour soutenir que c'est la terre qui tourne autour du soleil, et non le soleil qui tourne autour de la terre. Les martyrs, au contraire, n'hésitèrent pas à donner leur sang pour soutenir leur foi à Jésus-Christ. Placé entre deux mondes extrêmes, l'un au-dessus de lui et l'autre au-dessous, l'homme se débat pendant toute une vie entre les faciles séductions de l'un et les nobles attractions de l'autre.

Les moralistes ont reconnu que les hommes portent l'empreinte de l'un de ces mondes[1] et revêtent trois physionomies différentes : Les hommes religieux sont faits à l'image de Dieu ; les savants sont faits à l'image de la nature ; les politiciens sont faits à l'image de l'humanité. Les premiers sont seuls à posséder un principe et une fin supérieure ; ils travaillent pour l'éternité et se divinisent. Les seconds, attirés dans les sens, tombent sous les servitudes du corps et se matérialisent[2]. Les troisièmes, ne voyant dans les agitations des choses humaines qu'un jeu d'ambitions et d'intérêts à satisfaire, conduisent les peuples de révolution en révolution,

---

[1] « Savez-vous, disait Lamennais à ses disciples, savez-vous pourquoi l'homme est la plus souffrante des créatures? C'est qu'il a un pied dans le fini et l'autre dans l'infini et qu'il est écartelé, non pas à quatre chevaux, comme dans les temps anciens, mais à deux mondes. »

[2] La sensibilité psychologique n'est autre chose que le contre-coup du monde extérieur ; la sensibilité morale, le sentiment, n'est autre chose que le contre-coup de la raison. L'un attire l'âme, la ravit dans un sens élevé ; l'autre l'attire en sens contraire....

Il n'y a aucun élément progressible dans la sensation. L'Evangile, la doctrine de Jésus-Christ qui apprend à dompter la chair et à faire dominer l'esprit est une doctrine de progrès, de perfectionnement, de civilisation. Elle ouvre une carrière indéfinie au progrès de l'homme et de la Société. (Buches, *Essai*, t. I, p. 89.)

de corruption en corruption, et se démoralisent.

On a retracé ce triple caractère de l'être humain en disant qu'il y a en nous un Dieu, un homme et une bête. Quand le Dieu s'efface, l'homme se corrompt et la bête reste. Alors une science appauvrie et dégénérée croit qu'il n'y a jamais eu que la bête.

Faisons encore la supposition d'un homme qui vivrait dans un seul de ces mondes et négligerait les autres.

Le moi par nature est égoïste ; réduit à ses seules forces, il ramènerait tout à lui et à ses propres satisfactions et vivrait dans l'égoïsme.

La nature est fataliste ; ses forces aveugles et brutales excluent Dieu du monde, l'âme du corps, la liberté de l'humanité, et tous les êtres roulent de renaissance en renaissance dans le cercle fatal d'un perpétuel devenir.

L'humanité est pessimiste ; la quantité de larmes qui tombent des yeux des hommes, les flots de sang qui arrosent les champs de bataille, les iniquités, les crimes qui couvrent la terre arrachent à Brutus ce cri de désespoir : « Vertu, tu n'es qu'un nom ! » et, aux philosophes, cette parole amère : « Les événements d'ici-bas tiennent le bonheur à distance. »

La divinité est théocratiste ; une âme qui

se placerait sous l'action exclusive de Dieu, verrait ses forces absorbées par la puissance divine, elle cesserait de penser, d'aimer, de désirer, de vouloir, de pouvoir, et tout son être se perdrait et se confondrait dans le sein de la divine Providence.

Si donc, l'homme ne vivait que dans l'un des quatre mondes, il verrait ou sa foi le conduire au nihilisme, ou son esprit aller au scepticisme, ou sa volonté périr dans le fatalisme ou son cœur finir dans l'égoïsme.

De tous ces mondes, le premier est le plus nécessaire, c'est le monde divin. Il est la clef de voûte de tout l'édifice ; seul, il se soutient lui-même ; seul, il soutient et explique les autres [1]. La pensée divine, rayonnant à travers la nature, lui donne une beauté qui la sauve du matérialisme. Elle met dans l'âme un amour, un idéal qui l'appelle à une vie plus haute et la sauve de l'égoïsme. Elle dépose, dans le sein de l'humanité

[1] La conviction de l'existence de Dieu sera plus profonde pour l'âme qui aura l'intuition plus claire des idées pratiques et morales: bien, vrai, beau, juste, etc., et qui, par conséquent, se sera élevée des motifs inférieurs des déterminations, aux motifs supérieurs. L'homme livré aux choses des sens croira surtout à l'existence de la cause des sensations. Le philosophe, qui cherche à sentir en lui son âme, voudra attirer tous les êtres à son propre être.

qui souffre et pleure, une foi, une espérance qui la console et la sauve du désespoir[1].

Tous ces mondes, toutes ces facultés sont donc indispensables pour faire une vie humaine. Eteindre laquelle que ce soit de ces facultés, supprimer lequel que ce soit de ces mondes, serait mutiler son être et retrancher une part nécessaire de son existence.

Quand on examine bien toute chose, tout est d'accord : la conscience, les sens, la raison, la foi d'une part ; et, d'autre part, Dieu, l'âme, la nature et l'humanité; toutes ces puissances se répondent et s'harmonisent dans une vie commune. Il n'y a pas un seul être dans la création qui ne soit en relation avec le tout, et ne se compose merveilleusement avec l'ensemble. Tous les êtres, tous les mondes s'unissent dans une vaste synthèse, dans un même univers. De son côté, la pensée embrasse cette universalité des choses, et ramène à une harmonieuse unité toutes les vérités, toutes les connaissances

---

[1] Ce qui fit la force morale et la noblesse religieuse des chrétiens du moyen âge, c'est l'espérance qu'ils avaient d'imiter Dieu et de participer, dès cette vie, à la pureté, la sainteté de l'âme divine. De là, l'héroïsme des ascètes, l'ardente charité des saints, la tendresse et la joie des François d'Assise, une humanité idéale qui était jusque-là inconnue, dont on a dit : *mundo erant alieni, sed Deo proximi.*

qui composent le vaste ensemble des sciences humaines.

Les anciens avaient admis que quatre éléments composaient toute la nature : la terre, l'eau, l'air et le feu. La science ne sait pas encore exactement ce qu'il en est de cette question. Mais pour composer une existence humaine, nous pouvons affirmer qu'il faut quatre mondes tout à fait distincts, que ces quatre mondes suffisent et qu'un cinquième n'existe pas, tout au moins n'existe pas pour nous.

Tous les grands monuments de l'antiquité furent construits sur une base quadrangulaire. Les anciens disaient que les nombres impairs étaient agréables aux dieux : *Numero Deus impare gaudet ;* mais que les nombres carrés étaient l'expression de leur puissance : *nam quadrati numeri potentissimi ducuntur.* Vitruve attribuait aux édifices assis sur quatre angles le summum de solidité possible. C'est pourquoi les anciens bâtirent tous leurs monuments sur des quadrilatères, souvent orientés selon les quatre points cardinaux ; par exemple, les pyramides et les obélisques en Egypte, la tour de Babel et le tombeau de Bélus à Babylone, les palais des monarques assyriens à Ninive, le temple de Salomon à Jérusalem, les téocallis au Mexique ; Romulus, armé d'un soc d'airain, traça, selon les rites étrusques, l'enceinte carrée de Rome, et cette *Roma quadrata* est devenue la ville éternelle. Enfin, il est raconté par saint Jean dans l'*Apocalypse* (ch. XXI) que l'Eglise de Jésus-Christ, contre laquelle les portes de l'enfer ne doivent jamais prévaloir, est bâtie sur un vaste quadrilatère : « Et moi, Jean, je vis descendre du ciel la Cité sainte, la nouvelle Jérusalem, qui venait de Dieu, parée comme une épouse pour son époux. » Et la cité était bâtie en carré, aussi longue que large. Et l'un des sept anges, tenant à la main son roseau d'or, mesura la cité d'une étendue de 12.000 stades, et sa longueur, sa largeur et sa hauteur étaient égales.

Mais bien avant les constructions de l'art humain, le puissant architecte de l'univers avait assis le grand œuvre de sa création sur une base quadrangulaire, sur l'existence de quatre mondes différents : l'âme, la nature, Dieu et l'humanité. C'est sur ces quatre pierres angulaires qu'aucune force ne peut ébranler, que repose toute la solidité de la pensée humaine.

APPENDICE

Distinguons les trois états très particuliers de notre conscience :

1° Les uns nous appartiennent tout entiers ; ils sont les produits de notre conscience et de notre activité, par exemple, nos opérations, nos volontés ; ils appartiennent au moi seul et à aucun autre monde.

2° D'autres s'opposent à lui, le limitent dans son action ; aussi les extériorise-t-il et en fait-il les matériaux du monde extérieur.

3° D'autres le dépassent et, tout en s'unissant intimement avec lui, le dominent, le possèdent plus que lui-même ne les possède et il n'est jamais plus que lorsqu'il se laisse posséder par eux. Ce sont les états rationnels, les principes universels et nécessaires.

Rapprochons de ces principes, mais comme constructions de l'intelligence, non de la raison, les idées générales. Quand nous nous représentons les lois scientifiques, les genres, les espèces, nous sentons bien que si nous connaissons ces lois, elles ne sont cependant pas des produits de notre pensée, elles ne sont pas à nous, elles s'imposent à notre esprit et ne font par conséquent pas partie du moi

Dans le présent, le moi se sent simple, comme un point inétendu. Mais il se sent aussi rayonner dans l'espace selon certaines directions, il localise naturellement certains de ses états, tandis qu'il retient les autres dans un état immatériel, purs de toute représentation spatiale. Le moi se prolonge ainsi dans le corps qu'il s'attribue et qu'il sent comme partie de lui-même.

A l'aide de la réflexion, le moi se sent non seulement être, mais durer, c'est-à-dire qu'il sent la continuité de ses états. Quand j'écris une phrase, j'ai conscience non seulement de la syllabe que j'écris, mais des mots qui précèdent et de ceux qui suivront.

Les éléments se déroulent sous la durée continue de la représentation d'ensemble. C'est le sentiment de cette durée continue qui entre dans le sentiment intime de l'être. Que l'esprit vienne à distinguer les éléments eux-mêmes, on nomme passés les éléments qui précèdent celui qu'on fixe de son regard, et futurs ceux qui le suivent.

Dans la réalité de la conscience, les trois temps forment une synthèse, une durée, en laquelle le moi perçoit à la fois dans leur idée le passé immédiat, le présent et l'avenir immédiat. Les trois temps n'existent séparément pour lui que dans l'abstraction qui s'exerce sur le passé mort. Dans la vie de la conscience, il n'y a qu'un présent qui dure.

DEUXIÈME PARTIE

JE N'AI PAS TOUJOURS ÉTÉ
JE NE SERAI PAS TOUJOURS

Il y a donc un premier point mis hors de doute et bien établi, c'est que je suis.

S'il est un second point hors de doute, c'est que je n'ai pas toujours été :

Après des temps et des temps sans mesure, un jour se leva où l'on dit de moi ce mot joyeux qui se répète autour de tous les berceaux : « un enfant nous est né ! » « *Parvulus natus est nobis !* » Et ce petit être qui venait au monde, c'était moi. En effet, par ma mémoire, je remonte le cours de mes années écoulées : j'étais hier, avant-hier, j'étais il y a un an, dix ans, quinze ans. Toute la route que j'ai parcourue est semée de souvenirs, d'événements, de connaissances qui sont tout mon esprit. Passé ce temps, si je remonte jusque dans mon enfance, les souvenirs s'effacent et disparaissent ; à peine, un dernier objet se montre à travers l'obscurité qui couvre mon berceau. (Saint Augustin raconte que son plus lointain souvenir était d'avoir mordu le sein de sa nourrice, il en demande pardon à Dieu.) Par delà ces ombres, ma vue se perd, toute lueur s'éteint, il n'y a plus que le vide, le silence, rien, plus rien, l'être que je suis n'était pas. « Et moi aussi, s'écriait Salomon, je suis comme tout le monde, issu d'une race mortelle dont le premier fut tiré du limon de la terre. » Un corps me fut donné dans le sein de ma mère comme à tous les hommes. Déposé nu sur la terre commune à tous, j'aspirai l'air que tous respirent. Je poussai les mêmes cris et versai les mêmes larmes. Fût-on roi on n'a pas d'autre commencement. Pour tous, il n'y a qu'une manière d'entrer dans la vie ; pour tous, qu'une manière d'en sortir (Sap., VII).

Je ne me contente pas du raisonnement de Pascal qui dit : « Je sens que je peux n'avoir pas été ; je ne suis point un être nécessaire, je ne suis pas éternel, ni infini. » Je me rends à l'expérience et au témoignage, et constate ce fait certain que je n'ai pas toujours été, et qu'il fut un temps où je n'étais pas.

Certains visionnaires ont admis la métempsycose, c'est-à-dire la théorie de vies successives et indéfinies. Ils ont cru que leur mémoire perçait à travers les temps jusque dans les existences passées.

Un écrivain lyonnais (nommé Kauffmann) a prétendu se souvenir qu'il avait d'abord été cariatide, supportant un balcon sur sa tête, puis petite fleur, se balançant sur un vieux mur, au souffle des vents, et enfin journaliste, soutenant tantôt le pour et tantôt le contre, quand ce n'était pas les deux à la fois. Mais qui en croira ce journaliste, en supposant qu'il ait parlé sérieusement. La métempsycose est une conception imaginaire et systématique; elle ne repose sur aucune donnée positive et expérimentale.

Il est un troisième point au-dessus du doute, c'est que je ne serai pas toujours. Il est vrai, je me sens vivre, et je ne me sens pas mourir; la vie ne dit rien de la mort, car la mort n'est pas dans la nature de l'esprit : « N'imaginant point comment l'être pensant peut mourir, dit Bossuet, je présume qu'il ne meurt pas. »

La mort est le mystère de l'avenir.

Pour connaître son existence passée, l'homme est doué d'une faculté, la mémoire ; pour connaître son existence présente, il est doué d'une autre faculté, la conscience ; mais il ne possède point de faculté pour connaître son existence à venir. Aussi fait-on la science du passé, la science du présent, on ne fait pas celle de l'avenir.

Dieu aurait-il bien fait de donner à l'homme la vue de l'avenir ? Non, il vaut mieux à l'homme de tracer dans l'inconnu le sillon de chaque jour. Toujours partagé entre la crainte et l'espérance, toujours battu, comme dit Montaigne, d'ambition, de témérité, de doute, d'inquiétudes, de désirs de toutes sortes, il marche devant lui avec force, il s'anime et s'encourage lui-même à vivre de mille vies. Mais s'il savait les maux et les douleurs qui l'attendent sur le chemin ; s'il savait les déceptions, les chagrins, les remords qui troubleront son âme, il serait désespéré de vivre, et se sentirait d'avance mourir de mille morts.

Il faut donc voir mourir pour savoir ce que c'est que la mort et l'expérience seule peut nous instruire à ce sujet.

Qu'on se figure la muette stupéfaction de Caïn, lorsqu'il connut pour la première fois l'aspect de la mort : il vit le grand corps de son frère Abel étendu à terre, immobile, inanimé, ses yeux éteints, son front pâle, sa face livide, ses lèvres glacées, ne répondant plus aux appels réitérés de sa voix. La sainte Ecriture raconte qu'épouvanté, il s'enfuit jusqu'au bout du monde, loin de la face de Jéhovah. Depuis, la mort a toujours gardé cette épouvante et l'on s'étonne toujours qu'un homme qui est mortel soit mort ! Mais la terrible expérience est là ; il est dit que tous les hommes doivent mourir une fois : *Statutum est omnibus hominibus semel mori (Hébr.*, 9,27).

Comptez les siècles qui se sont succédé depuis l'origine des temps, tous morts ! Comptez les peuples qui ont paru sur la scène de l'histoire, tous morts ! Comptez les hommes fameux ou sans nom, qui ont occupé tour à tour la terre ; tous morts ! Ils ont vécu peu ou beaucoup, un an, dix ans, cent ans, tous morts! J'en vois passer devant moi et disparaître, d'autres me verront passer devant eux, et ceux-là donneront à leurs successeurs le même spectacle, et tous se viendront confondre dans un même abîme, la mort !

Sur toute la terre, autour des villes populeuses, se trouvent des nécropoles et des tombeaux, et tous ceux qui ont passé par la cité des vivants sont couchés dans la cité des morts. Il n'y a pas d'homme né sur la terre qui ne soit pas mort, si ce n'est celui qui va mourir.

Pour moi, mon jour viendra, jour inconnu et incertain, mais inévitable et fatal ; je suis entré dans la vie avec la condition d'en sortir.

La vie est courte et la mort certaine, chantaient autrefois les heures légères, en passant sur les cadrans solaires que nos aïeux traçaient sur leurs demeures : *Vita brevis, mors certa!* C'est pourquoi le doigt de l'Eglise écrit chaque année sur mon front cette sentence : « Souviens-toi que tu es poussière, et que tu retourneras en poussière. »

La mort est aussi certaine que la vie, et une troisième vérité hors de doute c'est celle-ci : je ne serai pas toujours.

PROBLÈME DE LA VIE
IMPORTANCE DE LA QUESTION

Je suis ! C'est mon premier mot, ma première idée, ma première vérité, et ce premier mot, que d'inconnu il renferme, que de pourquoi il soulève, que de mystère !

Disons seulement la longue série des inévitables pourquoi qui se présente dès l'abord à l'esprit humain et auxquels personne ne répond.

Pourquoi existe-t-il quelque chose plutôt que rien ? Etre, n'être pas, qu'est-ce donc ? Une chose est certaine, c'est que l'être est, et ne peut pas ne pas être. Le néant n'est pas.

Pourquoi quelqu'un plutôt que quelque chose ? Quelle est cette vie qui commence, qui vient sur la terre sans le vouloir et qui n'y restera pas ce qu'elle veut ? On parle des misères de la vie, de sa fragilité, de sa brièveté ; on s'étonne de souffrir, de vieillir, de mourir ; ce qui est étonnant, c'est la vie elle-même, la vie qui se demande compte de sa propre existence, et ne sait qu'en dire, qu'en penser et qu'en faire ?

Pourquoi moi plutôt qu'un autre ? — Oui. — Dire que c'est *moi* qui vis au milieu de la série incalculable des êtres possibles. — Moi qui me trouve assis, inattendu convive au banquet de la vie universelle, et me pose fièrement en maître en face de tous les autres êtres de la création.

Pourquoi aujourd'hui plutôt qu'hier ? plutôt que demain ? Ma vie n'est qu'une heure fugitive entre deux éternités. — Comment m'est-elle échue, cette minute perdue dans le grand abîme des ans ?

Pourquoi ici, plutôt que là ? Pourquoi ai-je été déposé sur ce point imperceptible dans l'immensité des espaces ? — Il n'avait rien à faire de moi, ce vaste univers. — Je n'y serais point venu, rien n'aurait manqué à l'harmonie des mondes.

Pourquoi si petit quand je veux être si grand ? Pourquoi si peu quand je désire être tant ? — « C'est bien peu de chose que l'homme », a dit Bossuet; « il n'y a que le temps de ma vie qui me fait différent de ce qui ne fut jamais. »

De tous ces pourquoi et de beaucoup d'autres

que la raison de l'homme ne peut envisager qu'en tremblant, nous ne retenons, pour le soumettre à notre étude, que le pourquoi de notre existence, l'inévitable question de la destinée de chacun de nous, posée au fond du cœur de l'homme.

Pourquoi suis-je né ? se demandait Job. Pourquoi Dieu m'a-t-il créé et mis au monde ? demandent tous les catéchismes.

D'où vient la vie, où va la mort ? A quels devoirs la vie obéit-elle ? A quel pouvoir la mort rendra-t-elle des comptes ? se sont demandé les sages de tous les temps.

Et ce n'est pas là une question oiseuse, elle correspond nécessairement à une réalité objective, et s'impose comme l'énigme du Sphinx, assis à l'entrée de la vie.

Il est des cas où l'homme peut se résigner à douter et à ignorer. Mais ce problème, nul ne peut consentir à l'écarter de sa pensée comme on ferait d'un vain fantôme.

Quand, de nous-mêmes, nous entreprenons un voyage sur cette terre, nous savons où nous allons, nous déterminons le chemin, nous disposons des moyens et, au jour dit, nous atteignons le terme du voyage.

Ici, rien de semblable, nous voici embarqués,

5.

sans le savoir, sur une mer inconnue; le point d'où nous venons, le lieu où nous allons, la route qu'il faut suivre, les difficultés et les périls qui nous attendent, l'abîme qui est au bout, tout est inconnu !

N'y aurait-il pas avantage pour le navigateur de trouver une étoile dans le ciel pour orienter sa marche, de posséder une ancre à jeter au fond des mers pour fixer son navire pendant la tempête, et enfin de connaître le port où il faut aborder quand finit le périlleux voyage ?

Cette étoile, cette ancre, ce port mystérieux qu'il faut atteindre sont les objets que l'homme doit rechercher avant tout : ce sont les vérités qui passent avant toutes les autres, qu'il faut fixer dans les esprits pour toute la durée de la vie. Malheureusement, ces graves pensées ne hantent plus l'imagination des hommes qui s'adonnent à d'autres préoccupations, à d'autres intérêts.

Le premier problème qui, de nos jours, met en mouvement toute l'activité des hommes est celui-ci : Que faut-il faire pour devenir riche ? Que d'hommes n'ont jamais pensé à autre chose.

Mais l'Evangile a dit aux chrétiens : « Que sert à l'homme de gagner l'univers s'il vient à perdre son âme ! »

Le second problème qui appelle l'attention des multitudes humaines est celui-ci : Que faut-il faire de l'eau, du feu, de l'air, du blé, de la vigne, du lin, du coton ? Quelle utilité peut-on tirer de tous ces objets de la nature, pour nos besoins, pour notre bien-être, pour nos plaisirs ? Et la plupart des gens ne vont pas plus loin. Pas un ne se pose cette question : Et ma vie propre sert-elle à quelque chose ? Et moi et vous, et nous tous, sommes-nous de quelque utilité ? Quel parti faut-il tirer de nos existences et de nos personnes ? On passe sa vie à faire quelque pénible métier, à labourer un arpent de terre, à bâtir des maisons, à tisser quelques aunes de toile, et l'on ne donne pas un jour, une heure, à se demander ce que c'est que la vie, et si la vie vaut la peine de vivre. Et vous, et moi et nous tous, nous sommes plus que l'eau, l'air ou le feu; nous valons plus que le blé, le vin ou le coton. Tous ces objets matériels sont pour nous des choses étrangères, placées hors de nous. Ici, la vérité, loin de nous être étrangère, nous touche de si près, que rien ne nous est plus intime, plus particulier, plus personnel.

En troisième lieu, se présente le grand problème de la science, qui fait tant de bruit dans le temps où nous sommes.

Dans ce siècle où Dieu est délaissé, on étudie avec passion les machines à vapeur, les engins de guerre, les produits sans nombre de l'industrie. Mais l'homme qui vaut autrement plus que les produits de son industrie, j'imagine, l'homme lui-même est oublié.

« C'est une grande simplesse, dit Montaigne, d'apprendre à nos enfants le mouvement des astres et de la huitième sphère, avant que les leurs propres. Etant battu d'ambition, d'avarice, de témérité, de superstition et ayant au-dedans tels autres ennemis de la vie, irai-je songer au branle du monde ? » *(Essais*, liv. I, chap. xxv.) Montaigne, par ces mots, frappe des traits de sa mordante ironie tout le système de notre instruction publique où l'on ignore qu'à la tête de toutes les sciences se place la science de la vie.

Un écrivain catholique, Blanc de Saint-Bonnet, s'adressant à la science moderne, lui dit dédaigneusement : « La science est peu fière ; elle ne laisserait pas passer la moindre molécule de matière, le plus chétif objet de la nature, sans lui demander où il va, et d'où il vient ; et elle voit passer l'homme, et ses longues générations ; elle voit passer le monde, et ses phases étranges, sans penser à sa cause, sans demander son but, sans s'enquérir de sa destinée. Passe pour le monde physique, où tout va sans nous ; mais le monde moral où tout s'accomplit par nous-mêmes, comment peut-on n'y pas penser ? Non, elle n'est pas fière et haute la pensée humaine ! »

Placé à l'autre extrémité de la littérature française, un affreux poète, qui a vomi tout un livre de *Blasphèmes* sur Dieu, sur la nature et sur l'homme, Richepin, gourmande de son côté la science moderne dans les vers suivants :

> O Science, à chiffres futiles
> Sur l'univers que tu mutiles,
> Cueille des secrets inutiles.
> Nous voulons l'éternel secret ;
> Nous croyons savoir quelque chose...
> Mais la cause de tout, la cause ?

Cette cause de tout, cet *éternel secret* dont parle le poète, le plus intéressant de tous ceux que recèle l'âme humaine, c'est le problème que nous devons nous poser et résoudre dans le plus profond recueillement de notre âme. Car de tous les mystères, le plus incompréhensible serait encore d'assister tranquillement à tout ce branle du monde, de n'y rien comprendre et de ne pas s'en préoccuper.

SOLUTIONS DE LA QUESTION

Sur cette question capitale où il s'agit d'expliquer la vie humaine, le chaos règne plus peut-être qu'ailleurs.

1° Il y a d'abord la solution insoucieuse et ignorante. Une immense portion du genre humain ne songe même pas à se demander où va la vie. L'ayant reçue sans le savoir, il la laisse s'en aller comme elle est venue ; on marche devant soi sans regarder où l'on va, et les cinquante ans, les quatre-vingts ans ont passé, Qu'a-t-on fait? On a fait comme le ciron et la fourmi qui ont longtemps travaillé et fait leur œuvre sans savoir pourquoi.

Lucrèce parle des sages qui regardaient de haut les foules ignorantes chercher à tâtons, dans l'ombre, le chemin de la vie. Mais les sages de Lucrèce (qui ne l'étaient guère) n'avaient pas trouvé ce chemin, et, pas plus que les autres, ne savaient où ils allaient[1].

Je laisse de côté la solution fataliste. Les anciens attribuaient tout à la fatalité, au destin, au fatum irrésistible qui entraîne les hommes et les dieux. Tout est aveugle, et les hommes roulent comme les mondes dans un cercle infranchissable où leur volonté s'agite en vain, et il n'y a pas lieu de demander à la vie pourquoi elle a été faite.

Cette solution se trouve poétiquement exprimée dans ces vers mélancoliques :

> De ta tige détachée,
> Pauvre feuille desséchée,
> Où vas-tu? Je n'en sais rien ;
> L'orage a brisé le chêne
> Qui seul était mon soutien.
> De son inconstante haleine,
> Le zéphir ou l'aquilon
> Depuis ce jour me promène
> De la forêt à la plaine,
> De la montagne au vallon.
> Je vais où le vent me mène,
> Sans me plaindre ou m'effrayer ;
> Je vais où va toute chose,

---

[1] Renan a pour doctrine que ce monde n'est point après tout si triste pour qui ne le prend pas trop au sérieux, qu'il y a mille façons d'être heureux, et que ceux à qui il n'a pas été donné de faire leur salut par la vertu, ou par la science peuvent *le faire* par les voyages, les femmes, le sport ou l'ivrognerie.

> Où va la feuille de rose
> Et la feuille de laurier.

Pascal a raison quand il appelle cet état d'un homme, qui se résigne à ne rien savoir de la vie, une étrange insensibilité, un abrutissement surnaturel. Et Blanc de Saint-Bonnet dit que la vie est un fil imperceptible qui descend d'un abîme et nous suspend au-dessus d'un autre abîme ; celui qui danse et rit au bout de ce fil est un fou.

2° *Solution sceptique et nihiliste.*

La vie est-elle bonne à quelque chose? La vie vaut-elle la peine de vivre? Non, répond Sénèque, la vie ne sert à rien et il est inutile de vivre : *superfluum est vivere* (Sénèque, *Epistola XXIV)*.

Un empereur romain a donné la note comique : « La pièce est jouée, la comédie finie ; applaudissez citoyens, *plaudite, cives* », dit Auguste mourant à ses amis. Un va-nu-pieds français donne, au contraire, une note tragique : « J'achève ici-bas ma route, c'est un vrai cassecou. » Un mauvais plaisant donne une note railleuse :

> On entre, on crie,
> Et c'est la vie.
> On crie, on sort,
> Et c'est la mort.

La dernière philosophie que l'Allemagne ait produite, celle d'Hartmann, enseigne que tout est illusion dans les êtres. L'esprit, la matière, l'âme et Dieu, la vérité et le devoir, l'amour et le bonheur, tout ce dont se compose la vie ne sont que des apparences du non-être éternel.

3° *Solution joyeuse et sensuelle.*

Beaucoup ne pensent qu'à jouir de l'heure présente : *Carpe diem*, disent-ils. « Tout le bonheur est dans le corps », disait un épicurien. Le corps est la source de tout bien et l'âme est un fardeau inutile ; mangeons, buvons, couronnons-nous de fleurs, car demain nous mourrons : *cras enim moriemur ;* le temps qu'on passe à chercher la fortune, la gloire, le vrai, le bien, le juste, est un temps perdu.

Mais le but de la vie est-il de jouir ? Non, car la vie est un démenti perpétuel donné à ceux qui cherchent la jouissance; la vie vaut plus que le plaisir, comme dit saint Paul : « Les afflictions si courtes, si légères de la vie présente, produiront au jour de notre élévation, le poids éternel d'une incomparable gloire. » *(II Cor.,* 4-17).

4° *Solution sombre et pessimiste.*

Des âmes plus hautes, plus nobles, attristées

par le spectacle des iniquités de la vie présente, ont laissé échapper ces paroles amères : « Le mieux pour l'homme, c'est de ne pas naître ; s'il est né, c'est de mourir vite ; s'il ne meurt pas, c'est de ne rien faire, de se laisser aller sans peine et sans soucis au courant de l'existence ; autrement, sous le soleil, tout est vanité et affliction d'esprit. » *(Ecclesiaste,* ch. IV[1].) Sophocle disait aussi : *Non nasci optimum aut quam ocissime aboleri. (OEdipe à Colone,* v. 1224.)

Oui, si le cadre de la vie présente est séparé des horizons futurs, et si toutes nos espérances sont renfermées ici-bas, nous sommes les plus misérables des hommes, dit saint Paul : « *Si in hac vita tantum sperantes sumus, miserabiliores sumus omnibus hominibus.* » *(I Cor.,* 15-19).

Mais en soi, l'être vaut mieux que le néant ; la vie, que la mort ; la joie que la tristesse ; la vie à venir, que la vie présente, et celle-ci doit trouver en l'autre son explication et sa raison d'être.

5° *Solution scientifique.*

Parmi les solutions de nos savants, donnons

---

[1] Périsse le jour où je suis né, périsse la nuit où il a été dit : Un homme a été conçu ! Pourquoi ne suis-je point mort dans le sein de ma mère ! (Job.)

celle de M. Jules Ferry, grand maître de l'Université de France. Devant l'élite des corps enseignants (avril 1880), il proclamait solennellement la doctrine suivante : « La connaissance de plus en plus complète de la planète que nous habitons est le but de l'activité individuelle ; le triomphe croissant de l'homme sur la nature est la plus glorieuse formule des destinées humaines. »

En vérité, si la destinée humaine se borne là, le païen Sénèque a raison : « La vie ne sert à rien, *superfluum est vivere.* » Car si la science de la nature était le but de nos aspirations, on verrait les souffrances de l'âme se calmer à mesure que l'esprit étend ses conquêtes. Or, la science aujourd'hui a pris possession du monde ; mais en multipliant nos connaissances, elle n'a fait que multiplier nos aspirations ; l'âme moderne agitée, impatiente, tumultueuse, souffre plus que jamais du vide qui est en elle, et, plus que jamais, demande un commerce avec le monde supérieur et idéal qui seul peut les satisfaire.

6° *Solution bouddhique ou doctrine du Nirvâna.*

L'existence présente est un enchaînement de douleurs perpétuelles. Au-dessus de la porte d'entrée de la vie, on lit ces vers désespérés du Dante :

> Per me si va nella città dolente,
> Per me si va nel eterno dolore.

Tout le travail de l'homme sur la terre doit avoir pour but d'échapper à cette nécessité de la souffrance et, pour cela, tout son devoir est de renoncer à la vie elle-même, et de se retirer dans le sein du néant.

Cette religion lugubre enseigne à se dépouiller une à une de ses facultés, comme on se dépouille de ses vêtements ; à renoncer à ses sens, à son intelligence, à sa volonté, à son cœur ; elle cesse de sentir, d'aimer, de désirer, de penser ; elle se diminue progressivement pour se débarrasser du fardeau de ses facultés. Ainsi, à force de piété, de sagesse, elle descend un à un tous les degrés de la vie et de l'être ; elle est affranchie de toute forme, comme la plante est affranchie de la pensée, l'animal de la raison. Alors elle arrive à l'extinction de la conscience et de la personnalité, et se consume de façon à ne plus reparaître dans le cercle des renaissances et d'être enfin à jamais délivrée de l'existence. Le sombre devoir est accompli. Perdue, anéantie dans le sein de Bouddha, elle est devenue Bouddha, et n'existe plus.

7° Solution chrétienne.

Elle est exactement la contre-partie de cette sinistre conception. Pour le bouddhiste le malheur suprême, c'est la vie. Le chrétien au contraire se tient pour heureux de vivre, il ne veut ni mourir, ni rentrer dans le néant. Le coupable seul peut désirer de voir s'ouvrir devant lui le sombre abîme de l'anéantissement. Le chrétien emploie toutes ses forces, et toutes celles de la nature, pour monter de degré en degré, de progrès en progrès, de perfection en perfection, jusqu'à la perfection même de Dieu. En un mot, nous, nous vivons pour vivre toujours davantage, et les fils de Bouddha ne vivent que pour mourir de plus en plus.

Nous n'adoptons, sur les destinées humaines, ni les solutions de l'indifférence, du mépris, ou de la fatalité; ni celles du scepticisme et de la sensualité; ni celles du désespoir, de la science, de l'anéantissement. Pour nous, la vie a un sens, une direction, un terme, elle est réelle, sérieuse. Ce voyage a un but à atteindre, comme il a un point de départ. Il faut arriver et, pour arriver, il faut prendre le chemin. Il n'est pas nécessaire que je vive, mais si je vis, il est nécessaire que je sache où va la vie, et que je sache la conduire où elle doit aller.

Quand on aura fini de vivre, chacun connaîtra ce qu'il en est, saura ce qu'il y a de vrai dans ce qu'on raconte de la vie et de la mort, mais trop tard. On n'y trouvera plus que des regrets ou des remords.

Puisque la vie est assez réelle, assez sérieuse pour être vécue, je veux la méditer et faire sur les destinées humaines quelques observations.

La première sera un examen attentif du train des choses.

MOUVEMENT CIRCULATOIRE
DE LA NATURE

Tous les êtres de la nature se meuvent en cercle, et jamais en ligne droite; ils circulent sans cesse en revenant sur eux-mêmes dans le même monde. Ainsi, la terre en tournant sur son axe, produit la succession des jours et des nuits; en opérant sa révolution autour du soleil, ramène le cours régulier des saisons et des années. L'année n'est pas plutôt finie qu'elle recommence. Le mot année, *annus, annulus*, signifie *anneau*, le cercle dans lequel le temps court toujours sans s'arrêter jamais.

L'eau de la mer, sous l'action du soleil, se change en vapeur, puis en nuages, en pluie, en fleuve, et rentre dans le sein de la mer pour recommencer bientôt son éternel voyage.

Le chêne produit des glands, ces glands produisent des chênes, ces chênes d'autres glands, et ces glands d'autres chênes, et la vie végétale qui va sans cesse des chênes aux glands, et des glands aux chênes, recommence sans fin le même mouvement circulatoire.

Hippocrate, pour exprimer l'enchaînement des fonctions du corps humain qui sont solidaires les unes des autres, a dit que « le corps de l'homme est un cercle qui n'a ni commencement, ni fin ».

Dans l'antiquité, un serpent qui se mord la queue était le symbole de ces mouvements de la nature qui s'accomplissent dans un cercle fermé. Un autre symbole, celui du phénix qui renaît sans cesse de ses cendres, exprimait les mouvements successifs de composition et de décomposition que subissent incessamment les êtres matériels.

En voyant l'eau s'évaporer sous l'action de la chaleur, le vulgaire s'imagine qu'elle s'évanouit, il se figure que la combustion anéantit le bois, que la décomposition ne laisse rien subsister du cadavre dans le tombeau ; erreur, rien ne périt dans la nature, mais tout se transforme, la quantité de matière reste toujours la même, les forces qui la mettent en mouvement sont indestructibles. Une force passe d'un corps dans un autre, elle décompose l'un et recompose l'autre. Ainsi, l'eau, l'air, la lumière, le sol, sont élaborés et transformés par la plante qui se les assimile; mais en mourant, la plante restitue ces éléments à la nature, qui n'avait fait que les lui prêter. Les éléments ne font que passer dans la vie des êtres, et ne s'y fixent pas. Les atomes errants se promènent d'un bout du monde à l'autre, faisant partie, tantôt du calice d'une rose, tantôt des excréments d'une hirondelle; tantôt de la lumière du soleil, tantôt du cerveau de Newton. L'école d'Ionie avait anciennement reconnu ce fait : « Du néant rien ne sort, au néant rien ne rentre. *E nihilo nihil, in nihilum nil posse reverti.* »

La vie des sociétés humaines présente des alternatives de mouvements analogues; par exemple, il se fait une circulation incessante de la richesse qui passe rapidement de main en main. La pauvreté donne la main au travail, le travail donne la main à la richesse, la richesse au luxe, le luxe à la pauvreté, et le cercle recommence.

Taine a décrit en quatre mots cruels le cycle du mariage, par lequel se perpétue la famille : « On s'étudie trois semaines, on s'aime trois mois, on se dispute trois ans, on se tolère trente ans; et les enfants recommencent. »

Les nations se succèdent sur la terre et vivent des débris les unes des autres, celles qui meurent servent de pâture à celles qui arrivent sur la scène. Partout les vieilles races se couchent sur le sol à l'approche des races jeunes et vigoureuses; et l'histoire voit perpétuellement la mort naître de la vie, et la vie de la mort.

L'humanité, elle-même, passera par des phases successives de croissance et de décroissance, de progrès et de décadence, de jeunesse et de vieillesse. C'est l'avis des savants que l'humanité est encore dans sa phase ascensionnelle. Ils le reconnaissent aux crises de développement qu'elle éprouve, aux révolutions qui accusent chez elle de la force, et de la vigueur en excès. Mais la vieillesse viendra, et la mort suit la vieillesse.

Ainsi, la circulation est perpétuelle et constante entre tous les éléments et toutes les forces qui composent ce monde. Toutes choses suivent cette loi fatale : naître, grandir, mûrir, vieillir, mourir; et recommencer toujours la série des mêmes métamorphoses. Rochers, herbes, animaux, hommes, nations, humanité, systèmes planétaires, univers ; tout passe du chaos à l'ordre, de l'ordre au chaos, du néant à la vie, de la vie à la mort.

AME EN LIGNE DROITE

L'âme humaine n'est-elle qu'un de ces cercles innombrables dans lesquels se meuvent tous les êtres de la nature? Comme eux, est-elle condamnée à tourner éternellement dans le même orbite, recommençant sans cesse les mêmes vies, les mêmes morts, les mêmes renaissances?

Non, Dieu a fait les intelligences droites pour marcher toujours d'un mouvement rectiligne vers l'infini, et dépasser tous les mondes.

Le cycle du corps est fermé, le corps n'a pas d'autre idéal que lui-même. Ses devoirs remplis, son action est terminée, sa destinée achevée; il retourne dans la poussière, il subit la loi de la mort totale et, s'il demandait quelque chose à l'esprit, ce serait uniquement de satisfaire ses appétits. Tandis que l'âme, née à la raison, au bien, au devoir, à Dieu, est sacrée pour l'éternité : Je suis une chose céleste, divine, le seul être des siècles présents qui appartienne aux siècles futurs :

> Voyageur sur la terre et candidat des cieux,

un être, enfin, à qui Dieu a offert de partager ses destinées éternelles.

Dans la nature, jamais rien de plus, jamais rien de moins, toujours la même quantité de matière : ce qui est en nous, au contraire, aspire à être plus, toujours plus.

Saint Augustin expose en ces termes cette grande doctrine : « Que cherchons-nous tous en cette terre, même au milieu de nos dérèglements, sinon de vivre toujours et de ne mourir jamais ; de savoir la vérité toujours et de ne nous tromper jamais ; de jouir, d'être heureux toujours et de ne souffrir ni mal, ni douleur, jamais. »

De même que l'impétuosité des fleuves court à la mer, de même l'impétuosité des âmes court à la vérité, au bonheur ; l'effort impatient, ininterrompu, suit l'attrait qui augmente sans cesse. La vie en nous pousse jusqu'à l'éternité, l'intelligence jusqu'à l'évidence et la pleine vision, l'amour jusqu'à sa parfaite béatitude.

Je ne sais pas tout ce qu'est mon âme, mais je ressens en elle une énergie qui, enfermée dans le temps et dans la durée, aspire à sortir du temps et de la durée, et à vivre dans l'infini ;

elle commence des idées, des vertus, qui ne peuvent s'achever que dans une autre vie[1].

Nous sommes donc de ceux qui ont foi que l'espace n'est pas notre horizon, que le temps n'est pas notre mesure, que cette vie n'est pas notre limite, que nous allons plus loin et plus haut, et que nous sentons en nous quelques germes de divinité et d'immortalité. Cette foi, cette espérance, cet amour plein d'immortalité, peuvent-ils être sans cause et sans objet? Est-il un seul homme qui croit vraiment au néant après la mort? Mais cette vie existe; donc, l'autre vie existe aussi. Les ténèbres existent, donc la lumière est. Nous rencontrons tous les jours le faux, le mensonge; donc, la vérité, la sincérité. — La corruption, le vice; donc, la sainteté. — Le doute et la négation, donc l'affirmation et la certitude. Puisque les imperfections se rencontrent dans la vie, donc la perfection est nécessairement. Tout âme saine et droite a l'horreur du laid, du faux, du mal et le goût du beau, du vrai, du bien; elle vit dans l'espérance de les rencontrer et d'en jouir. Ce désir, cette espérance, cette foi, cet amour sont une promesse authentique de les avoir.

[1] « J'éprouve la joie de sentir qu'il me vient dans ma haute vieillesse des idées qui ne peuvent être achevées que dans une autre vie. » (Gœthe.)

Si l'infini, la perfection n'existent pas, cette vie est une affreuse déception, une indigne tromperie ; elle ne tient rien de ce qu'elle promet. Les êtres inférieurs sont plus heureux, ils ne sont victimes d'aucune erreur, ils suivent leurs instincts jusqu'au bout, ils atteignent la perfection de leur nature et remplissent toute la destinée qui leur est promise. Et nous, au contraire, tout notre être nous tromperait? Nous serions le jouet de cette noble nature? L'homme seul, parce qu'il vaut mieux, l'homme intelligent et libre, l'homme, le maître de la nature, verrait toutes ses espérances trahies, sa raison indignement abusée, tout son bonheur perdu, et la malédiction de Job sur son fumier serait la seule prière qui puisse monter de la terre vers le ciel?

Il y a la mort, il est vrai, l'inévitable mort qui brise la vie en dissolvant le corps ; mais la mort ne peut pas contredire la loi essentielle du perfectionnement qui est le but et l'idéal de l'âme. La mort n'est qu'un des phénomènes de la vie, un moment très particulier de son évolution, le passage d'un monde dans un autre, et elle doit par là rentrer dans l'ordre divin.

L'Evangile l'a dit magnifiquement en deux mots : « Nous sommes une semence de vie » et même selon l'énergique expression de saint

Jean : « Une semence de Dieu, *semen Dei* », qui fleurit dans l'éternité (Saint Jean, I, 3, 9).

Or, si le grain de blé jeté en terre ne meurt pas, il reste seul et stérile, mais s'il meurt, il porte une moisson abondante. De même, l'esprit qui gémit en nous, doit passer par les douleurs de la mort pour obtenir la délivrance de son corps et entrer dans l'éternelle vie.

Dieu donc, qui sème à pleines mains les générations sur la terre, les ramène à lui à la fin de chaque saison ; comme le laboureur qui, au printemps, a jeté sa semence dans les sillons recueille la moisson à l'automne, et l'amasse dans ses greniers.

Les savants ont beau faire, ils ne peuvent échapper à cette grave question : D'où vient l'homme, et où va-t-il ? En somme, il n'y a que trois grandes réponses.

Première réponse : L'homme vient du sein de la vaste nature qui est tout, et qui produit toutes les existences par des évolutions successives. Mais la nature, d'où vient-elle ? Et l'esprit de l'homme, d'où vient-il ? Et l'idéal de perfection à quoi aboutit-il ?... Réponse de savants : insuffisante.

Deuxième réponse : L'homme vient de l'homme lui-même, qui produit par sa propre pensée.

Mais sa pensée, d'où vient-elle? et son idéal de perfection, d'où vient-il?... Réponse de philosophes qui ne se comprennent pas eux-mêmes.

Troisième réponse : L'homme vient de Dieu, et Dieu est son propre principe, existant par lui-même. Il est le principe et la fin de toute chose. Réponse du bon sens, du génie, et de l'Evangile.

Dans l'Evangile, Jésus-Christ précise ce but de la vie en ce qui le touche : « Je suis sorti de mon Père, et je suis venu en ce monde; je quitte de nouveau le monde, et je vais à mon Père. *Exivi à patre et veni in mundum; iterum relinquo mundum et vado ad patrem* » (Joan., 16-28).

Si l'esprit de l'homme remonte à son principe et n'y rencontre pas Dieu, il se perd et s'évanouit dans le vide, dans l'abîme du néant. Si l'esprit de l'homme redescend vers sa fin dernière et n'y rencontre pas Dieu, il se perd et s'évanouit dans le même abîme ténébreux, sans fond du néant ; ou la vie éternelle, ou l'éternel néant.

Dieu est l'idée première qui rend simples et compréhensibles toutes les autres idées. Que Dieu soit, et tout s'explique ; Dieu est un être qui est égal, et au delà, à toute la réalité que nous rêvons; il répond, et au delà, à tous nos instincts, à tous nos désirs, à toutes nos espérances. L'infini des temps, des espaces, des êtres, c'est lui.

Cette conception est simple, totale, achevée ; elle répond à toute l'étendue du problème et revêt de tout point ce caractère particulier des vérités premières et nécessaires. Ce but ôté, tout est sombre et inexplicable ; ce but posé, la nuit se dissipe, le jour se fait sur ces incompréhensibles questions ; la création a un sens, la vie une direction, le voyageur traverse une région éclairée, la route est tracée et arrive à un terme[1].

Je fais donc un beau voyage à travers les mondes et qui durera longtemps. Commencé sur la terre, il s'achèvera dans les cieux, ou plutôt, il ne s'achèvera jamais ; je marcherai toujours. Je n'ai pas eu la première éternité qui n'est qu'à Dieu, mais j'aurai la seconde que Dieu veut bien partager avec moi.

[1] Saint François de Sales inspire à l'âme chrétienne qui veut faire un heureux voyage la résolution suivante : « Me convertissant à un Dieu débonnaire et pitoyable, je désire, propose, et me résous irrévocablement, de le servir et aimer, maintenant et éternellement, lui donnant à ces fins mon esprit avec toutes ses facultés, mon âme avec toutes ses puissances, mon cœur avec toutes ses affections, mon corps avec tous ses sens. » *(Introd., 4.)*

LA PERFECTION

Nous percevons partout autour de nous des choses imparfaites, et nous concevons immédiatement la perfection ; la perfection à qui rien ne manque et qui est à tous les degrés de l'être.

Au dire de saint Thomas, quand la nature humaine prend conscience d'elle-même, elle sent tout ce qui manque à sa perfection et tout ce qu'elle voit au dehors d'elle, la provoque et la sollicite à s'approprier toutes les qualités, toutes les beautés, toutes les perfections qui lui manquent.

Tout être inférieur est perfectionné par l'être supérieur auquel il se soumet. Le corps, par exemple, par l'âme dont il reçoit la vie, et l'âme par Dieu, dont elle reçoit la vie, le mouvement et l'être. *In quo vivimus movetur et sumus.*

« Je sais donc que je suis une chose imparfaite, un être incomplet, dépendant, qui tend et aspire sans cesse à quelque chose de meilleur et de plus grand. » (Descartes).

Or, quand on analyse cette merveilleuse tendance au perfectionnement qui a fait l'homme ce qu'il est, on ne tarde pas à voir qu'elle tient à l'attrait qu'exerce sur lui un idéal que la réalité actuelle ne reproduit pas. En nous réside quelque chose qui nous élève au-dessus de nous-mêmes, un idéal souverain que nous désirons réaliser, un but supérieur que nous désirons atteindre. Il n'y a pas une de nos facultés qui ne s'ouvre heureuse et inquiète à la fois, vers cet idéal infini qu'elle poursuivra toujours et n'atteindra jamais.

L'infini se présente à mon esprit sous forme de lumière, et allume en lui le désir de la vérité universelle, Il se présente à mon cœur sous forme de beauté, et excite en lui un besoin insatiable d'amour, de bonheur. Il se présente à ma volonté sous forme de souverain bien, et lui donne la force de marcher vers l'absolue justice. Toutes nos énergies tendent ensemble d'un mouvement puissant vers l'objet sublime entrevu par la raison. Une vie divine, d'une, force inépuisable, appelle chacun, selon ses dons et ses talents, à franchir la distance qui s'étend du néant à l'infinie perfection ; et qu'est ce que cet idéal ?...

Cet idéal en nous est quelque chose de nature éternelle, un rayon de la raison de Dieu reflété par nos âmes, une image divine empreinte dans notre être [1]. Venant de l'infini, exilé sur la terre, ce quelque chose, de nature éternelle fait effort pour remonter vers sa source. De là cette faim, cette soif inextinguibles, et ce désir toujours vif et toujours inassouvi du bonheur perdu qui fait le tourment des grandes âmes [2].

Lamartine a exprimé cet état de l'homme déchu dans les vers suivants :

> Borné dans sa nature, infini dans ses vœux,
> L'homme est un dieu tombé qui se souvient des cieux,
> Soit que déshérité de son antique gloire,
> De ses destins perdus il garde la mémoire,
> Soit que, de ses désirs l'immense profondeur,
> Lui présage de loin sa future grandeur.

Cet idéal souverain que toutes les âmes pour-

---

[1] *Nihil est aliud ratio naturalis nisi refulgentia claritatis divinæ in nobis.* La raison naturelle n'est pas autre chose que la réflexion de la clarté divine en nous. (Saint Thomas d'Aquin.)

[2] Selon la sainte Ecriture, l'homme a été créé à l'image de Dieu, cette image divine déposée à l'origine dans l'âme humaine est l'idéal vers lequel nous tendons naturellement, le modèle de ce que nous voudrions être. Cette figure rayonnante si elle ne se réalise pas ici bas, représente l'épanouissement qui se fera dans un autre monde «de cet être qui gémit en nous d'un gémissement inénarrable pendant qu'il est encore dans les douleurs de l'enfantement » (Rom. 8, 22 et 26).

suivent est comme l'aimant qui attire le fer et le dirige vers l'étoile polaire. Un aimant naturel, une attraction matérielle, est l'explication de tout le système planétaire. Un aimant divin, une attraction religieuse, est l'explication de tout le système humain. Que Dieu attire à soi toute la création, et que la création se laisse attirer par lui librement, c'est bien la loi fondamentale de l'univers.

Les savants ne connaissent pas la nature de cette force attractive qui produit la gravitation prétendue des astres. Mais nous, nous connaissons quel est le principe moteur, et la fin suprême de la gravitation des âmes. C'est Dieu vivant en nous, que Dante a appelé le premier amant : *il primo amante*. C'est de lui que tout procède, et vers qui tout aspire.

L'idéal de l'infinie perfection exerce sur nos âmes un invincible attrait. L'attrait est si fort que, si la vision était face à face, il briserait les cœurs trop faibles et trop fragiles. Heureusement l'âme ne le voit qu'à distance et à travers les ombres de la matière. C'est pourquoi un poète grec a dit que, si les hommes

> . . . . . Des temps futurs voyaient la face à nu,
> Tous oublieraient la terre en regardant les cieux ;
> Laisseraient sans douleur, sans lutte, sans effort,
> Leur âme aller au but, et leur vie à la mort.

Ce qui fait le tourment de la vie, c'est que nous ne pouvons jamais voir l'idéal autrement qu'à travers la réalité, et nous ne pouvons jamais jouir de la réalité sans voir au delà l'idéal.

Le plaisir, l'argent, le savoir, le pouvoir, la gloire, loin de les satisfaire, ne font qu'aiguiser nos appétits, enflammer nos désirs toujours inassouvis. Plus on sait, plus on veut savoir ; plus on a d'or, plus on en veut avoir ; plus on a bu, plus on a soif. « Personne n'est content de son sort ; *nemo contentus sua sorte,* disaient les anciens. Nous avons tout le bonheur que la vie peut donner et le désir du bonheur n'est pas éteint en nous. Tous les siècles ont travaillé pour nous, par toute la terre on travaille encore pour nous, la richesse est venue, la toute-puissance sur le monde matériel est venue, et l'énergie de nos désirs ne fait que s'accroître.

Tous les jours l'abondance de la vie augmente, nous nageons dans toute espèce de biens, de bonheurs, dont nous jouissons sans nous en douter. Et cependant, tous sont mécontents. Des hommes comme Salomon qui avait joui de tous les biens de ce monde, las d'être heureux, se mettent à médire de tous les bonheurs, et poussent ce cri de désenchantement : « Vanité des vanités, tout n'est que vanité. »

De toutes parts s'élèvent des plaintes qui fatiguent le ciel : nous demandons à la société plus qu'elle ne peut nous donner. Ni les siècles, ni la terre ne nous satisferont, parce que ni les siècles ni la terre n'ont de quoi nous satisfaire.

Mais telle est aussi la loi de la perfection, qu'elle nourrit dans le cœur des déshérités de ce monde une indomptable espérance. Le pauvre qui, au lieu de l'abondance et de la félicité, n'a trouvé ici-bas que la faim et la soif, la nudité et la misère, ne dit pas autant de mal de la vie que les heureux de la terre. Et qu'a-t-il cependant ce pauvre disetteux que trahit la réalité? Il n'a que son désir, sa chimère, son rêve ; et il y tient plus qu'un autre à sa chimère, le malheureux dont elle est l'unique trésor dans la vie. Son âme s'en va dans des mondes imaginaires, où elle ne rencontre plus ni souffrance, ni misère, ni inégalité, ni injustice ; elle suit ce beau rayon d'espérance qui monte vers l'azur. Il n'a ni or, ni jouissance, ni pouvoir ; il a son rêve, rien que son rêve, et toute sa vie est contenue dans ce vers si simple :

Il n'est jamais heureux, mais il va toujours l'être.

Tant que l'âme humaine sent que les promesses qui lui sont faites, que l'idéal qui l'appelle est supérieur à elle, et l'attire à une vie plus haute et meilleure, elle est pleine de courage, et l'on peut voir alors les

Les êtres de la nature possèdent du premier coup tout ce qu'ils peuvent avoir de perfection. En eux, rien qui aille à Dieu, à l'infini, à l'idéale beauté, à l'essentielle vérité. Ils ont des forces fixes, proportionnées à leur but terrestre. Le monde animal fut achevé dès son avènement : dès le premier jour, il sut tout ce qu'il devait savoir ; dès la première heure, il fit tout ce qu'il devait faire ; dès le premier moment, il fut tout ce qu'il devait être. Le monde animal est immobile. La terre éprouve-t-elle le besoin de quitter sa forme ronde et de s'allonger vers les cieux ? La laide araignée cherche-t-elle à s'embellir, et la petite mousse sur sa roche aride a-t-elle l'idée de se faire grande comme le cèdre du Liban ? Que si le lys est beau, si beau, que Salomon dans toute sa gloire n'était pas aussi bien vêtu que lui, en tout cas, sa beauté ne lui coûte rien, elle lui vient toute seule, ni il ne travaille, ni il ne file pour l'obtenir.

masses humaines cheminer avec joie sur la terre, en regardant le ciel.

Mais quand l'âme de l'homme sent qu'elle vaut plus que tout ce qui l'entoure, et que toutes les promesses qu'on lui fait, que voulez-vous qu'elle devienne ? Elle retombe sur elle-même altérée, abattue, découragée, et sent qu'elle n'a plus de refuge contre un pessimisme désespéré.

L'homme, au contraire, éprouve des besoins infinis et, s'il veut être quelque chose, il lui faut le devenir. L'homme, dit Pline l'ancien, ne sait rien sans l'avoir appris : ni parler, ni marcher, ni se nourrir, *Hominem scire nihil sine doctrina, non fari, non ingredi, non vesci.* S'il veut avoir de l'intelligence, de la volonté, du cœur, qu'il sache que l'intelligence se crée par le travail et la science, le cœur par l'amour et la douleur, la volonté par la vertu et la lutte. C'est pourquoi l'homme est un animal perfectible, parce qu'il a l'idéal et le besoin de l'infini. Mettez dans l'animal la perfectibilité, vous aurez l'homme. Otez à l'homme la perfectibilité, vous aurez l'animal.

Dans la Genèse, Dieu clôt chaque ordre de la création par ces paroles de complaisance, par cet applaudissement qu'il donne à son œuvre : « *Et vidit quod esset bonum*, et il vit que cela était bien ». Il scelle chaque ordre de création comme parfait et définitif. Pour l'homme, il est privé de ce témoignage, Dieu attend une consommation, un couronnement de cette œuvre qu'il n'a fait que commencer. Elle n'est pas scellée, elle reste ouverte, c'est à l'homme de l'achever.

« Si Dieu n'eût créé l'homme que pour le temps et l'espace, il ne lui eût donné que la force correspondante au temps et à l'espace ; s'il n'eût créé l'homme que pour la société, il ne lui eût donné que la force de justice et de sociabilité. » (Lacordaire.)

Que serait l'homme s'il cessait de tendre vers l'idéal ? Quels que soient ses efforts et ses œuvres, il aspire à grandir encore, à aller plus loin, plus haut : témoignage irrécusable que l'infini l'habite, et que son rêve de perfection, toujours trahi par la réalité, est cependant, au fond, ce qu'il y a de plus positif en lui, la loi qui le domine, le fait qui le constitue le plus essentiellement. L'homme est un être fini, en route pour l'éternité[1].

« Je ne sais, malgré moi, l'infini me tourmente », disait un incrédule moderne ; et saint Augustin, quatorze siècles auparavant, avait dit : *nihil cupio nisi æternum, nihil sapio nisi æternum.* (Mon seul désir est l'éternel, tous mes goûts vont à l'éternel.)

---

[1] L'œil n'est jamais rassasié de voir, ni l'oreille d'entendre, jamais le cœur d'aimer et jamais l'esprit de savoir. *(Ecclésiaste.)*

LE BUT DE LA VIE

La loi générale qui régit le monde, c'est la loi de tout être vivant et imparfait, d'employer en tout temps toutes ses forces à se rapprocher de la perfection.

L'homme ici-bas est un être en voie de formation, et son devoir et son œuvre sont d'achever la création que Dieu n'a fait que commencer.

De quelque côté que vous regardiez l'homme, il n'est, dit saint Jacques, qu'un certain commencement, qu'une ébauche de créature : *initium aliquod creaturæ*, et comme dit la Genèse, une terre vaine et vide : *terra inanis et vacua*, où tout n'est qu'en germe et en puissance et demande à se développer. S'il veut savoir quelque chose, il lui faut l'apprendre ; s'il veut être quelqu'un, il faut le devenir ; s'il veut avoir ce qui lui manque, il faut l'acquérir ; il est obligé de tout conquérir, jusqu'à la possession de lui-même. La vie se passe dans ce travail de tous les jours, dans un perpétuel devenir.

La vie est une création continuelle où l'homme achève l'œuvre que Dieu n'a fait que commencer. Se créer soi-même, ce n'est pas être sa propre cause, Dieu seul est *causa sui*. Il ne s'agit pas d'une création ontologique et substantielle; car l'homme ne peut même pas ajouter un pouce à sa taille; il s'agit de former son être personnel et de développer ses facultés intellectuelles et morales. Aller à la perfection ne consiste pas à sortir de son ordre d'existence pour devenir un être différent, mais à réaliser pleinement sa nature propre. Une rose, sous la main du jardinier, ne devient pas une jeune fille; une jeune fille, sous la main de l'éducateur, ne devient pas un ange; mais aller à la perfection consiste à développer moralement et personellement, en nous, toute la perfection dont nous sommes susceptibles. Si Dieu, en le créant, eût achevé l'homme et lui eût donné la perfection de son être, l'homme n'aurait rien eu à faire. Dieu a créé l'homme *le moins possible*, afin qu'il pût se créer lui-même *le plus possible*. Etre à peine commencé, atome à peine sorti du néant, l'homme, de rien, doit arriver à tout, passer du fini à l'infini, du temps à l'éternité, du fond de cette vallée de larmes au sommet des cieux, et par delà les cieux et les cieux des cieux.

Vous êtes sur la terre, vous voyez la hauteur du ciel; c'est cette distance que vous avez à franchir. Elle est longue la route que vous avez à parcourir : *grandis tibi restat via,* dit l'ange au prophète Élie en l'éveillant de son sommeil, et le prophète se leva, ajoute l'Ecriture, et il marcha dans sa force quarante jours et quarante nuits, et arriva à la montagne de Dieu. (3. *Reg.*, 19-7.)

« De quelque côté que je regarde l'homme, je ne vois en lui qu'une ébauche divine, un commencement de création, qui, à partir de sa petitesse, grandit sans fin et sans repos, cherchant à travers les vicissitudes des jours présents, cet âge parfait qui doit lui donner la plénitude de son être [1] : *donec occuramus in virum perfectum. (Eph.,* 4. 13.)

Le but de la vie est donc de développer dans chaque individu toute la perfection dont il est [2] susceptible.

---

[1] Abbé Perreyve.
[2] L'homme doit donc tirer le meilleur parti possible de ses dons naturels, ainsi que des événements extérieurs que lui apporte le hasard, corriger enfin, du mieux qu'il pourra, la nature par l'art; afin de donner du style à son caractère et à sa vie. » (Nietzsche.)

Socrate était fils d'un statuaire ; or son père, lui montrant un jour un bloc de marbre encore informe, lui dit : « Un homme est renfermé là, je vais l'en faire sortir à coups de ciseaux. » Le jeune philosophe s'appliqua à lui-même cette belle pensée : « Il y a un homme caché en moi, dit-il, je veux le délivrer par mon travail et le dégager de ce qui le recouvre. » Il y travailla, en effet, avec tant de succès, que l'homme d'esprit fut plus tôt achevé que l'homme de marbre, et plus parfait que lui.

Toutefois, le but de la vie humaine n'est pas simple et unique ; il se divise en deux parts, en deux fonctions particulières. La vie de l'homme sur la terre a deux fins à atteindre, deux destinées successives, deux objets fort différents : l'un de ces buts se renferme dans les temps présents et l'autre va aux temps à venir. Ce qui commence et finit en l'homme a des fins inférieures ; ce qui commence en lui et ne finit jamais a des fins supérieures. Dans nos actes, il y a une portée humaine et temporelle qui est particulière à chacun de nous et il y a une portée éternelle et divine, commune à tous les hommes ; d'où il suit que tout homme doit être cultivé pour le temps et pour l'éternité.

Autrement dit : dans un homme placé sur la terre, il y a un laboureur, un artisan, un commerçant ou un matelot, un écrivain, un savant, un banquier ou un homme d'État. Mais il y a autre chose, il y a une âme immortelle, et cette âme est plus qu'un laboureur et qu'un matelot, plus qu'un savant et un homme d'État. Ces métiers et ces professions satisfont aux nécessités de la vie présente; mais, en outre de cette vie éphémère, chacun fait bien de commencer, dès ici-bas, la vie qu'il doit continuer dans l'éternité. C'est cette seconde vie qui commence qui donne tout son prix et toute sa valeur à la vie présente: *Talem scientiam discamus in terris quæ nobiscum perseveret in cœlis*[1] (apprenons sur la terre une science qui nous suivra jusque dans le ciel). Le laboureur passera, les moissons qu'il a semées passeront, mais l'âme du laboureur, la patience et le courage qu'il a mis à travailler ne passeront pas.

Il faut que tout homme trouve pour lui-même une possibilité particulière de vie supérieure dans l'humble et inévitable vie quotidienne.

Ainsi, chacun doit frayer intrépidement sa voie dans la vie, et faire son œuvre de façon que, d'une part, il reste quelque bien de lui dans le trésor de l'humanité sur la terre, et que, d'autre part, il prélude à un amour plus élevé et, dans la pureté de son cœur, prépare sa floraison céleste.

[1] Saint Jérôme.

Mais si la vie est donnée pour marcher vers la perfection, pourquoi y a-t-il tant de morts prématurées ? La majeure partie des êtres humains meurent jeunes, à la première ou à la seconde heure du jour, et bien peu achèvent leur journée. Pourquoi ces morts prématurées, demandait le poète Lucrèce, en adressant sa plainte à la nature insensible :

Quare mors immatura vagatur ? (Lucrèce, V, 222).

« Cette existence terrestre n'est qu'une initiation partielle et incomplète à la vie pleine et parfaite que nous cherchons. Ce qui importe n'est pas d'atteindre, dans nos jours mortels, la puissance, la lumière et le bonheur qui nous seront donnés au delà du tombeau; l'important c'est de marcher à toute heure, avec force et avec joie, dans le sens de l'orientation divine. C'est, si la mort, comme un voleur, vient nous surprendre, qu'elle nous trouve veillant et priant sur le chemin. »

« Et même l'heure suprême, si elle surprend une âme marchant dans cette voie, ne fait qu'abréger le voyage et supprimer les longueurs et les souffrances. Les jeunes morts ont je ne sais quel charme dont on ne saurait se défendre; les anciens enviaient ces âmes privilégiées; ils chantaient, dans leurs hymnes, que ceux qui tombent jeunes sur les champs de bataille, sont les enfants chéris des dieux. » (Abbé Perreyve.)

Un poète chrétien, de Laprade, a chanté cela chrétiennement en disant :

Dieu cueille ses élus dans leurs jeunes années.

Sans doute, l'œuvre n'est pas achevée, mais quelle œuvre s'achève dans cette vie ? Quelle âme y peut atteindre l'extrémité de ses désirs et s'endormir satisfaite?

« Rien de grand ne se termine ici-bas, et nul n'y achève sa destinée. Que le chant commencé soit interrompu à la première ou à la dernière strophe du céleste cantique, la chose importe peu; l'important est que le cantique se continue là-haut, pendant l'éternité[1]. » (Abbé Perreyve.)

---

[1] Cette pensée est exprimée dans les beaux vers suivants :

Si du Dieu qui nous fit, l'éternelle puissance
Eût à deux jours borné notre existence,
Il nous aurait fait grâce : il faudrait consumer
Ces deux jours de la vie, à lui plaire, à l'aimer

Devinez de qui sont ces vers...? de Voltaire.

(Voltaire, 6e *discours sur l'homme*).

FINS SUPÉRIEURES

La perfection est donc l'idéal où chacun tend avec les forces qui lui sont données. Mais Dieu n'attend pas de tous la même perfection, car tous ne voient pas le même idéal et tous ne possèdent pas les mêmes forces. Tous les hommes, soit dans leurs fins naturelles ici-bas, soit dans leurs fins surnaturelles, n'atteignent pas la même hauteur, car, comme le dit saint Paul, il y a les gloires de la terre et les gloires du ciel : *Alia quidem celestium gloria autem terrestrium* (1 *Cor.*, xv, 41). Les saints eux-mêmes varient de sainteté et ne se ressemblent pas plus que les étoiles du ciel dont il est dit, qu'elles diffèrent de clarté : *Stella enim a stella differt in claritate* (autre est la clarté du soleil, autre celle de la lune et même celle des étoiles. 1 *Cor.*, xv, 42). Tous ont un air de famille, et leur surnaturelle beauté les fait reconnaître pour les fils d'un même père ; mais chacune de ces âmes a sa physionomie propre, sans compter les diverses circonstances de leur existence terrestre.

Saint François de Sales, pour montrer que tous les hommes ne sont pas faits pour atteindre à la même hauteur, emploie une comparaison pittoresque, il compare les uns aux poules, les autres aux hirondelles, les autres aux aigles : « Les poules, dit-il, volent pesamment, bassement et rarement, tandis que les aigles et les hirondelles volent souvent, vitement et hautement. » (*Introd. à la Vie dévote*[1].)

Le degré de perfection que vous devez atteindre dépend encore des milieux dans lesquels vous êtes placé. Si vous appartenez à un grand siècle, à une grande nation, vous avez de plus grands efforts à faire, de plus grands devoirs à accomplir, de plus hauts sommets à gravir. Vous devez aider cette nation à croître en âge, en sagesse et en puissance, et à répondre, de plus en plus, au mouvement en avant qu'elle a elle-même provoqué dans le sein de l'humanité. Que si, au contraire, les temps sont mau-

---

[1] Voltaire était dur pour les âmes qui n'ont pas d'ailes et ne peuvent s'élever vers le ciel : « Tu n'as pas d'ailes, rampe... » dit-il. Non, ne rampe pas, monte aussi haut que tu pourras monter !

vais, soyez meilleurs que votre temps ; si les âmes sont basses, tenez la vôtre au-dessus des autres, comme dit saint Grégoire de Nazianze : *Temporibus suis excelsiores.* Si les circonstances sont douloureuses et les événements pleins de larmes *(sunt lacrymæ rerum)*, sachez souffrir et montrer un courage au-dessus de toutes les douleurs, soyez le dernier à fléchir sous les coups de l'adversité ; si votre génération égarée a perdu son chemin et ne sait plus où elle va, rouvrez devant elle la voie qui la ramène à ses destinées providentielles ; si l'*Evangile* est oublié, négligé, méconnu, lisez l'*Evangile*, entendez son beau langage, comprenez sa doctrine, retenez son esprit, et tout ce qui vous touche sera pour le mieux dans le plus mauvais des mondes : *Æmulamini charismata meliora*, dit saint Paul. Il faut renouveler sans cesse sa vigueur, les aspirations d'une âme toujours jeune, afin de devancer les autres dans les voies de l'avenir.

Le plus grand des docteurs juifs, le fameux Hillel, qui vivait dans des temps semblables aux nôtres, allait répétant cette maxime : « Sois un homme là où il en manque ! »

Un homme digne de ce nom est celui qui se constitue énergiquement lui-même en une individualité plus forte, en une personnalité plus haute que le vulgaire ; il a cette fierté de l'esprit, ce légitime sentiment d'une supériorité relative, par laquelle il se distingue du milieu de la foule où se confondent les autres âmes.

Ainsi Jésus-Christ parle constamment comme ayant conscience de sa supériorité et de sa dignité. Il enseigne comme ayant autorité : *Tanquam autoritatem habens*. Il est plus que Jonas, plus que Salomon, et que son temps, plus qu'Abraham « qui fut heureux de voir son jour » (*Joan.*, viii, 56). Il blâme ceux qui ne croient pas s'ils ne voient des prodiges et s'ils ne mettent le doigt dans ses plaies. Saint Paul aussi a une pleine conscience d'être l'organe du Christ et de la vérité.

Le but de la vie humaine est de créer la personne humaine la plus parfaite, la plus haute possible, d'en faire la plus grande puissance intellectuelle, morale, libre, personnelle. L'homme supérieur, élevé au-dessus du vulgaire par le haut développement de ses facultés, par les hautes aspirations de sa vie, est capable d'imprimer à la société des hommes qui l'entourent, une impulsion heureuse, un plus fort mouvement d'idées et de civilisation.

Les âmes qui goûtent ces choses d'en haut sont toujours au-dessus de la condition qui leur est faite ; elles valent mieux que leur fortune, quelque grande qu'elle soit.

Quand, de plus, elles sont chrétiennes, marquées aux instincts de l'infini, elles se reconnaissent au désir de perfection, au goût, à la passion des secrets divins, à ces ambitions démesurées passant par dessus les mondes présents et futurs, à l'incessante inquiétude de l'infini tourment de l'éternel.

Nous, nous admettons la souveraineté d'un but reconnu par tous comme supérieur à chacun, supérieur à chaque peuple et à l'humanité tout entière et, par conséquent, essentiellement religieux.

Il y a des chrétiens, cependant, qui se refusent à reconnaître ces fins supérieures de l'homme sur la terre, qui disent que le génie est chose vile et que Dieu n'en tiendra aucun compte[1].

L'Ecriture sainte nous dit qu'après chaque œuvre des cinq premiers jours, Dieu applaudit à son ouvrage, et il vit que cela était bon : *Et vidit quod esset bonum*. Si la matière elle-même est belle et bonne, si la richesse des

---

[1] L'âme regarde comme un néant tout ce qui doit retourner dans le néant; les biens, la disgrâce, la prospérité (Pascal). (Mais... la vérité, le bonheur, l'amour. la perfection !).

formes, l'ordre, le goût, le mouvement, la lumière sont admirables, comment la beauté des âmes, la grandeur des esprits, le génie, le savoir, toutes les richesses intellectuelles seraient-elles des choses viles aux yeux de Dieu?

N'est-ce pas, au contraire, le devoir des hommes, par la connaissance la plus complète possible des lois de la nature, de conduire la création à ses fins, à sa perfection, à laquelle la nôtre est liée et disposer ce monde dans l'ordre et la justice, dit la Sagesse; et avancer le royaume de Dieu, dit l'Evangile; et, autant que faire se peut, achever ce que Dieu nous a donné de raison et de foi.

Kant se plaignait de son temps et disait qu'on lisait peu les livres de piété et de dévotion, parce qu'ils n'étaient pas assez *magnanimes*. Je serais tenté de croire qu'on les lit trop aujourd'hui, précisément parce qu'ils ne sont pas magnanimes.

Il faut dire ainsi de toute notre éducation qu'elle manque de magnanimité: elle n'oblige pas la raison à un grand effort d'activité pour acquérir son parfait développement, qu'il s'agisse de la raison laissée à ses propres forces qui est la philosophie, qu'il s'agisse de la raison assistée de Dieu qui est la théologie; elle n'excite pas assez vivement les hautes facultés de l'âme[1]. Et voilà pourquoi le sens de la grandeur nous manque et le pouvoir de gouverner les hommes.

Alors on voit les nobles idées souveraines s'abaisser au-dessous des pensées les plus fragiles et les plus vulgaires ; ce monde visible et les sensations qu'il engendre passent au premier plan et l'infini est relégué au loin, dans les sombres perspectives du passé.

Il existe, parmi les chrétiens, un système de salut à bon marché. Dans ce système, on ne vise qu'à une chose, ne pas faire de mal, ou seulement de petites fautes vénielles qu'on rachète sans peine, et qui ne damnent pas. Les livres de piété facile ne voient dans la vie qu'un ciel à gagner et un enfer à éviter au meilleur prix possible. Une erreur de bien des âmes, soi-disant dévotes, est de croire qu'il suffit d'aller à l'église, de recevoir les sacrements, de lire les petits livres de prières et de faire quelques exercices de piété ; et après cela se passer de toute

---

[1] Saint Pierre, dans sa longue controverse avec Simon le Magicien, lui disait : « Nous n'exigeons pas simplement la foi, nous admettons le raisonnement que la vérité emploie volontiers. Une adhésion qui ne se rend pas compte de sa croyance est aussi facile à quitter que facile à recevoir. »

(Voir *Recognitiones* de saint Clément, liv. II, ch. LXIX, Grœc, t. I, p. 1280).

espèce de vertus réelles. « Ce ne sont pas ceux qui crient : *Domine, Domine* (Seigneur, Seigneur) qui entreront dans le royaume des cieux, mais ceux qui font la volonté de mon Père ! »

Ames petites, insuffisantes, qui n'ont pas en elles de quoi vivre, il ne faut pas leur demander grand'chose ; il ne faut pas leur demander de l'énergie, de l'intelligence, du dévouement, de la générosité, de la franchise, de la discrétion, le support du prochain, le pardon des injures.... Tout le dehors abonde, tout le dedans leur manque. L'intérieur de l'arbre est évidé et sonne creux ; au moindre choc, il se brise, si fragile il est! Comme les feuilles du peuplier, ces âmes frissonnent et tremblent, sitôt que le vent se lève, et ne savent que gémir. Elles ont une dévotion sans dévouement, un pharisaïsme sans amour, une prière sans âme, une monomanie du salut propre, individuel, isolé de toute adoration intime de Dieu, de la vérité, de la justice, de la perfection, un seul besoin : être sauvé quand même, être sauvé dans l'autre monde, être sauvé dans celui-ci et partout ; ici-bas, comme là-haut, avoir la meilleure place possible.

Toute la pensée, toute l'obligation de ceux qui cherchent ainsi leur salut sûr et facile, est donc de se rabaisser et de se faire une âme assez petite pour passer sous la porte étroite du paradis où ils n'entrent qu'en rampant.

Les fins supérieures sont plus exigeantes. Ce serait trop commode s'il suffisait d'être baptisé et d'entendre la messe pour être un saint ! Tertullien, gourmandant l'âme humaine, lui disait dans son rude langage : « Tu n'es pas de nature chrétienne, que je sache, tu ne nais pas chrétienne, il te faut le devenir ! *Non es quod siam christiana ; fieri enim, non nasci soles christiana !* »

Si vous voulez des âmes grandes, fortes, nobles, vertueuses, trempées de bonté, de justice, de sainteté et de niveau avec toutes les difficultés et tous les périls, il faut les faire. On voit des âmes chrétiennes dont le fond est inépuisable. On ne peut jamais savoir la quantité d'amour, de dévouement, de miséricorde et de générosité qu'il y a chez elles. Larges et profondes comme l'Océan, on ne leur trouve pas de rives. Voilà des âmes qui croissent pour le ciel.

Il faut, quand il s'agit de Dieu, qu'on élève sa pensée à toute hauteur, son cœur à toute beauté. Il faut qu'on prenne en son âme ce qu'il y a de meilleur, de plus grand, de plus généreux, de plus céleste pour parler de lui, sinon qu'on se taise et qu'on ne fasse que l'adorer.

Il s'agit d'avoir une foi plus forte que les doutes (qui, naturellement se multiplient à mesure que les recherches de l'esprit augmentent), plus sûre que la science, une parole plus éloquente que le sophisme et l'erreur. Il s'agit d'être plus spiritualiste, à mesure qu'on palpe et qu'on étudie davantage la matière, sinon la vérité diminue, l'Evangile lui-même se rétrécit et les hommes et les sociétés n'ont plus que des esprits disproportionnés avec les vérités qui les font vivre. Heureux encore quand ces idées absolues, on ne les abaisse pas au-dessous des pensées les plus fragiles et les plus contingentes. Heureux, surtout, quand on ne les réduit pas à n'être plus que des conceptions vides, des fantômes de l'imagination, des rêves d'enfant.

Une religion a toujours besoin d'être rappelée à sa beauté, à sa pureté, à sa lumière première, parce que, ainsi qu'un orientaliste le fait remarquer, une religion, par là même qu'elle est plus parfaite que toutes les autres, souffre davantage de son contact avec le monde humain, ainsi que l'air le plus pur est vicié par le seul fait qu'il est respiré par l'homme (Max Muller). Le grand respect que celui qui a charge d'âmes porte à Dieu, à la religion, aux âmes, à la morale, à la conscience, doit le pousser à s'élever plus haut que le reste des hommes.

Il faut que des esprits élevés et plus spirituels maintiennent ces vérités à leur hauteur.

Cette préférence, par laquelle certains esprits s'attachent aux idées supérieures, constitue l'élite de l'humanité vis-à-vis du vulgaire, en quelque condition qu'on soit placé par le sort et la fortune.

La philosophie a joui en tout temps du glorieux privilège d'attirer à elle les hautes intelligences et les vastes génies. Et quand la philosophie voit tomber sa gloire, les esprits supérieurs s'éteignent.

Cette grande loi des fins supérieures s'impose à tous les hommes : tout ce qui est né en moi aspire au mieux! La voie qui conduit à la perfection, dit saint Augustin, demande des gens qui marchent sans cesse ; elle ne souffre pas ceux qui reculent, ni ceux qui se détournent, ni ceux qui s'arrêtent, et elle déclare indignes du royaume de Dieu ceux qui, ayant mis la main à la charrue, regardent en arrière (saint Luc, 9-62). Sur cette voie, où on ne touche jamais le but, il faut marcher, toujours marcher, toujours plus avant, toujours plus loin et, comme s'exprime saint Paul : « oubliant tout ce qui a été fait derrière soi, étendre son âme vers ce qui est encore à faire devant soi » : *qua quidem retro sunt obliviscens ad ea vero quæ sunt priora extendens meipsum (Ph. 3-14).*

« De jour en jour, mon œuvre me devient

plus chère, disait Gœthe ; en cela, je désire égaler les plus grands hommes. Le désir d'élever, sur la base donnée, la pyramide de mon être, aussi haut que possible dans les airs, ce désir est plus fort en moi que tous les autres et n'a pas de diversion... Peut-être le Destin brisera-t-il la tour babylonnienne au beau milieu et ce ne sera qu'un tronçon ? » (Lettre, *Rev. germ.*, 64, p. 353).

Qui peut se flatter d'achever sa pyramide et de la monter aussi haut que le ciel ?

Un de nos poètes lyonnais a dit très justement :

J'aime le mieux en tout, j'aime tous les sommets...
Et je vis dans la plaine et n'en sortis jamais !

TROISIÈME PARTIE

I. — LE TRAVAIL

Si la vie est une création perpétuelle, un perpétuel devenir ; si le but de l'homme ici-bas est de déployer ses forces et de développer en lui toute la perfection dont il est susceptible, quel est le moyen qu'il doit nécessairement mettre en œuvre pour arriver à cette fin ? Ce moyen, c'est le travail.

Le travail est la première loi de la vie, la loi générale qui s'étend à toutes les facultés de l'âme humaine, la loi maîtresse et souveraine de laquelle dépendent toutes les autres lois qui régissent la vie entière.

Agir est un besoin de notre nature et un besoin de nos facultés ; tout organe qui ne fonctionne pas s'atrophie et périt. L'inertie est le propre de la matière ; l'activité, le caractère propre de l'esprit ; le repos en lui-même n'est pas un but, une fin de notre nature qui se propose toujours l'action[1].

Mais il y a une activité instinctive, spontanée, désordonnée qui ne possède pas en elle ses raisons d'agir. Tel un cheval indompté erre, vagabonde à travers les pampas de l'Amérique. Le travail est une activité qui se gouverne elle-même, qui a un but déterminé, qui déplace ses forces intelligemment, et mesure ses efforts aux difficultés et aux résistances qu'elle rencontre.

Considérons les forces de la nature ; elles sont sans cesse en travail, elles agissent selon une loi inexorable et fatale qui obtient toujours toute sa perfection relative. L'emploi du temps est peut-être, pour qui sait l'écouter, la plus grande leçon que la nature donne au genre humain. Aussi, l'Ecriture montre-t-elle, comme exemple à l'homme, la diligente fourmi : *Vade ad formicam piger*.

De même, l'esprit de l'homme est toujours en travail jusque dans le sommeil. Mais quand il passe sous l'empire de la liberté, ses forces travaillent ou se reposent à son gré ; elles vont au

---

[1] L'homme interrompt son labeur et se repose de sa fatigue, mais c'est pour renouveler ses forces et recommencer son œuvre.

bien ou au mal, obéissent ou contreviennent aux lois qui les régissent.

Les peuples qui ne travaillent pas sont des peuples sauvages et, pour les civiliser, il faut, avant tout, les amener au travail. Les missionnaires catholiques, qui leur portent les bienfaits de la civilisation chrétienne, ont reconnu qu'il n'était pas possible de les relever de leur abaissement et de leur dégradation, sinon en établissant parmi eux le règne du travail.

L'homme naît donc pour travailler. Cette force productrice qu'il porte dans son intelligence et dans sa main, lui est donnée pour achever la création de Dieu. Comprendre jeune cette grande loi, c'est fixer la destinée et assurer l'avenir; c'est ouvrir à une certaine profondeur, dans la vie qui commence, des sources larges et fécondes d'où sortiront les grandes choses.

MISE DE FONDS

PREMIER ÉLÉMENT DU TRAVAIL

La vie des hommes, sur la terre, n'est pas livrée au hasard : les éléments premiers, les principes de toute chose lui sont donnés. Des lois providentielles concourent à tout faire vivre ; les lois de la nature, les instincts de l'homme, les raisons des choses travaillent, sans l'homme, à le conserver et à le développer.

L'homme ne vit jamais seul ; il ne peut jamais se suffire.

Dans la vie sensible, toujours un élément matériel collabore avec nous ; il faut la lumière à nos yeux, le son à nos oreilles, l'odeur à nos narines, l'air à nos poumons, le tangible à nos mains.

Dans la vie spirituelle, il faut la vérité à

l'esprit, le bien à la volonté, le beau à l'imagination.

Dans la vie morale, il faut, à notre liberté, la présence de la loi souveraine d'où dérivent tous les devoirs et tous les droits.

Dans la vie religieuse, il faut un élément divin, le don de Dieu, la foi, la grâce surnaturelle ; si l'esprit qui vient de l'éternité ne souffle pas dans les âmes mortelles, la religion n'est qu'un rêve. Dans la vie divine, il faut, à la raison, l'infini, l'absolu, la perfection, l'éternité, la divinité.

Dans la vie sociale, il faut à notre esprit d'autres esprits, à notre cœur d'autres cœurs, à notre bonheur d'autres bonheurs.

En un mot, nos facultés ne vivent et n'agissent qu'à l'aide d'un objet, d'un monde qui leur correspondent. La part de Dieu est toujours la première et ne fait jamais défaut.

Tout cela nous est donné : la lumière, la terre, l'eau, le feu, la fécondité :

> Et la chaleur des jours et la fraîcheur des nuits.

Quant à la lumière de la raison, elle n'a jamais rien coûté, « elle illumine tout homme venant en ce monde ». Des certitudes nous sont données : celles sur lesquelles repose la vérité dans nos esprits. Le cœur nous est donné aussi bien que les impressions des sens. La parole qui nous vient du ciel et crée la religion nous est donnée. Dieu lui-même nous est donné !

LE TEMPS

SECOND ÉLÉMENT DU TRAVAIL

Le second élément du travail, c'est le temps. On pourrait ici se demander ce que c'est que le temps ? Comme l'espace, il est chez les philosophes l'objet de nombreuses et subtiles discussions dans le détail desquelles nous ne pouvons entrer. Le temps est-il réel, est-ce un être substantiel, ayant quelque réalité en dehors de nous ? Ou bien, n'est-ce qu'un mot vide de sens ou de vérité, au plus, un jeu de la pensée, une pure abstraction de l'esprit ? La même question se pose pour la notion d'espace, et la même réponse doit y être donnée.

Saint Augustin, interrogé à ce sujet, répondit avec beaucoup d'esprit : « Si vous ne me demandez pas ce que c'est que le temps, je le sais. Mais si vous me le demandez, je ne le sais pas ». C'est qu'en effet toute l'intelligence humaine en a l'idée, mais nul ne le connaît en lui-même et ne peut le définir.

Sans être un mot vide de sens, le temps n'est pas une réalité ; c'est un mot négatif comme il y en a beaucoup dans les langues ; comme le silence, la nuit, l'ignorance, le vide, l'absence, l'ombre ; que le plus souvent on prend pour des réalités.

Le temps n'est pas un être corporel, une chose physique qu'on voit et qu'on touche, il n'a pas d'ailes quoique Lafontaine ait dit :

Sur les ailes du temps la tristesse s'envole.

Ce n'est pas un fil aux diverses couleurs, dont les Parques antiques se soient jamais servi pour filer les jours des mortels sur la terre. Le temps n'est pas une âme, un esprit, un génie, un être vivant spirituel et léger, qui s'échappe et s'enfuit, en semant les heures sur le monde. Toutes ces images poétiques, nées dans l'imagination des savants ou du peuple ignorant, ne visent qu'à exprimer, d'une manière sensible, la propriété principale du temps, sa rapidité, son manque de continuité.

Le temps est la non-persévérance de l'être, le changement de la créature, la mesure de son passage d'un état à un autre, le rapport qui existe entre les divers actes qui se succèdent dans l'âme humaine, entre les faits qui constituent la nature, le monde matériel, et les événements dont se compose l'histoire de l'humanité.

Le temps renferme donc essentiellement l'idée de succession. Il se compose d'instants. L'instant est l'élément générateur du temps ; c'est comme la molécule atomique des physiciens dont se composent tous les corps ; c'est comme le point géométrique des mathématiciens, conçu abstractivement. L'instant est le point idéal, indivisible du présent, qui opère le passage entre le passé et l'avenir.

Le moment est une succession continue de points réels et étendus, comme la ligne droite l'est en géométrie ; c'est une durée qui a un commencement, un milieu, une fin. La durée est la persistance d'une existence qui se perpétue pendant que le reste change ; elle tend à une durée éternelle, mais elle est modifiée par des principes contraires, et même par ses principes propres, de telle façon qu'elle vieillit, s'use et finit. Telle est la loi de perpétuels changements imposée aux créatures. La créature seule tombe sous l'empire du temps. Aucun être ne peut exister dans la nature qui ne soit soumis aux conditions de l'espace et du temps.

Nos pensées, nos désirs, nos volontés se suivent et souvent s'engendrent les uns les autres ; de ces actes, les uns sont premiers, les autres seconds ; les uns précèdent, les autres suivent. Le rapport de succession de nos actes produit dans nos esprits une idée purement relative, qui prend les apparences de la réalité, laquelle, sous le nom de vérité chronologique, joue un rôle important dans la vie des individus et dans l'existence des sociétés humaines.

Le temps est donc en nous, il n'existe pas en dehors de nous ; c'est pourquoi, le même laps de temps est court pour les uns, long pour les autres. Les uns demandent aux heures de couler plus vite, et les autres d'aller plus lentement :

O temps, suspends ton cours.

Mais le temps qui est en eux va du train dont ils vont eux-mêmes. Plus on agit, plus on vit, plus les actes intérieurs se multiplient, plus le temps s'allonge, et cependant, il nous paraît court. Pour l'enfant dont les impressions sont vives, mobiles, changeantes, les jours sont longs, et les années sont des siècles. Elles passent vite et rapides pour le vieillard dont l'esprit roule dans le même cercle d'idées, et s'appesantit sur les même pensées.

L'homme qui s'ennuie trouve le temps long.

Ce n'est pas le poids des heures qu'il sent, mais le poids de sa propre âme vide, inactive, ne trouvant pas en elle de quoi vivre, de quoi se suffire.

Mallebranche, absorbé dans la méditation, ne sentait pas les heures de la journée s'écouler autour de lui.

On dit vulgairement que le temps use tout, on parle des ravages, des injures du temps : non, le temps n'use rien; ce sont les êtres matériels qui s'usent les uns par les autres, et se détruisent mutuellement, par exemple les vêtements et le corps humain lui-même.

Le temps passe, dit une chansonnette moderne, comme ce fil passe dans mes doigts. Une vieille odelette française dit mieux que cela :

> Le temps s'en va, le temps s'en va, Madame,
> Las, le temps? non. Mais nous nous en allons.

Cependant le temps se mesure, et d'une façon régulière et mathématique. Le temps, en effet, pris objectivement et tiré de la durée des êtres matériels est fixe, déterminé; il ne subit en réalité, comme quand il est pris subjectivement, ni allongement, ni rétrécissement : il se compte par minutes, heures, jours ; par années, par vies humaines. Les heures ne contiennent que le même nombre de minutes, les jours que le même nombre d'heures, les années, que le même nombre de jours, et la vie de l'homme qu'un nombre bien déterminé d'années. Mais ce n'est pas d'après la succession de nos pensées et de nos actes intérieurs plus ou moins rapides et variables, qu'on a pu mesurer le temps de cette manière précise. Il se mesure par les mouvements réguliers de la nature ; ces mouvements, à cause de leur perpétuité et de leur régularité, sont devenus la mesure exacte du temps.

Chez tous les anciens peuples, la marche des corps célestes, du soleil, de la lune, des astres, servit à mesurer le temps. Plus tard, on employa les mouvements artificiels, mécaniques, du sablier, du clepsydre, du pendule, de l'horloge. Ainsi le temps qui est avant tout le mouvement de l'âme, la succession des actes qui s'accomplissent par elle, ne trouve sa mesure exacte que dans les mouvements réguliers des corps.

Le temps étoffe de la vie. — Le temps est la condition de toute existence finie. Toute œuvre, tout travail exige du temps ; tous les événements se passent dans le temps ; tous les êtres existent dans le temps, ils vivent une heure, un jour, un mois, un an, un siècle ; c'est-à-dire un temps plus ou moins long. Dieu seul vit toujours.

Les anciens croyaient que les Parques, dans le secret de la nuit, filaient la vie des mortels avec des laines de différentes couleurs ; c'est nous qui filons nous-mêmes, et qui tissons nos jours avec des pensées, des joies, des tristesses, des désirs, des amours, en un mot, avec des passions dont nous composons notre existence.

Aussi la loi du temps est-elle qu'il doit être utilisé, ou pour mieux dire réalisé en des actes qui contribuent au bien et à la perfection de notre être. Chaque flot du temps qui passe, chaque instant, chaque molécule demande à être employée, réalisée en un bien, en une vertu, qui restera toujours : à devenir vérité, bonté, beauté, justice, mérite enfin, et à faire ainsi partie de nous-mêmes.

Les Anglais disent que le temps c'est de l'argent : *time is money*. Les sensualistes en font du plaisir, les philosophes, de la sagesse, les savants, de la science ; les uns en font de la vertu, les autres de la politique ; ceux-ci de la perfection ou du vice, ceux-là de l'infini. Le temps est la menue monnaie de l'éternité, dit un père de l'Eglise.

S'il en est ainsi, nul n'a le droit de laisser passer sans emploi une heure seulement de sa vie, et de dire le soir ce qu'un empereur romain disait tristement : « J'ai perdu ma journée ! » C'est la plus grande perte qu'on puisse faire.

La sainte Ecriture fait cette recommandation aux disciples de la sagesse : « Ne laissez rien perdre d'un jour heureux, et ne laissez pas échapper la plus petite parcelle de l'heure donnée ». *(Ecclésiaste,* 14, 14.) Cette heure qui vous est donnée et qui demandait à être, n'a pas été, et ne sera jamais. Elle devait être vécue, elle devait être remplie ; faute d'un bien accompli, elle est restée dans le néant ; elle est comme si elle n'avait jamais été.

On comprend que Jésus-Christ ait dit : « Je vous déclare que toute oisiveté commise par les hommes, ils en rendront compte au jour du jugement, car vous serez justifié par ce que vous aurez fait, et vous serez condamné par ce que vous n'aurez pas fait. » (Math., 12, 37.)

Il est écrit encore que nos œuvres nous suivront au delà du tombeau : *opera enim illorum sequuntur illos. (Apoc.,* 14, 13.) Oui, ces heures, qui ont été vécues, qui ont été remplies de vérité, de bonté, de justice, d'amour, ces heures vont vous attendre là-haut, sur le seuil de l'éternité, et témoigner que vous avez été un bon et fidèle serviteur, destiné à entrer dans la joie de son seigneur : « *Intra in gaudium Domini tui* » (Math., 25, 21.) Sinon, ces journées, ces heures perdues, retombées dans le néant, vous accusent ; elles disent qu'elles devaient être, et que par votre faute elles ne seront jamais. Votre page du livre de vie est vide, rien n'y est écrit.

Que de regrets stériles, que de remords superflus, quand l'heure dernière sonnera, et nous fera passer du temps qui finit à l'éternité qui commence !

Temps irréparable. — La perte du temps est irréparable. « *Fugit irreparabile tempus* », disaient les anciens. On entend souvent faire à des paresseux cette recommandation : « Réparez le temps perdu ». Le temps perdu ne se répare pas, il ne revient pas, et ne se rachète pas.

On peut profiter mieux du temps à venir, redoubler d'efforts pour faire ce qui avait été oublié, négligé ; mais le temps qui a été perdu ne peut donner que des regrets et du repentir ; quand il passe et s'enfuit, c'est pour toujours. Nous dormons, il ne dort pas ; nous renaissons tous les matins ; il nous semble que le jour qui se lève est le même que celui qui l'a précédé : illusion ! On ne se réveille pas deux fois au même jour, à la même heure de la même vie, pas plus qu'on ne se baigne deux fois dans la même eau d'un fleuve.

Temps fugitif. — Nous n'avons aucun pouvoir sur le temps. La vie une fois commencée, qu'elle le veuille ou non, marche, avance toujours de son pas précipité ; elle voudrait s'arrêter peut-être, car le beau jour l'enchante, la joie l'enivre, le bonheur lui sourit, et elle dit au temps : « Replie tes ailes, dors un instant au-dessus de ma tête. » Mais une voix impitoyable lui crie : « Marche, marche. » Et elle marche toujours; toujours le temps l'emporte, jusqu'à ce que, fatiguée, épuisée, flétrie, elle soit rendue à l'éternité d'où elle était sortie.

Malgré son prix, malgré sa valeur, le temps est la chose au monde dont les hommes sont le plus prodigues. La plupart ne font aucun cas du temps, et le laissent couler, comme ils laissent couler l'eau à la rivière. Quelqu'un a dit : « Que je connais de gens qui font des économies de bouts de chandelle, et qui laissent brûler inutilement la lumière du jour, la plus chère de toutes ! »

Le paysan, qui amasse l'argent sou par sou, a coutume de dire que le bon Dieu qui nous donne le temps ne nous le vend pas. Il le vend très cher au contraire et nous le mesure avec parcimonie.

« Que d'hommes, disait saint Grégoire de Nazianze, dont la vie ne se compose que de la perte de leurs années. Ils estiment le nombre des jours et des années qu'ils ont vécus à l'aide des calculs du calendrier, et non pas par le nombre et le mérite des œuvres qu'ils laissent après eux. On connaît qu'ils ont vieilli aux cheveux qui blanchissent sur leur tête, et non à la sagesse de leurs discours, car les années font les vieillards, et ne font pas toujours des sages. »

LA PEINE

TROISIÈME ÉLÉMENT DU TRAVAIL

Le troisième élément du travail, c'est l'effort, la peine. Effort de la pensée vers la vérité, effort du cœur vers la beauté et le bonheur, effort de la volonté vers le bien, effort de l'âme tout entière vers Dieu, et vers la souveraine perfection. Les forces, les facultés de l'homme reposent comme endormies au fond de la nature humaine ; il faut les éveiller, les provoquer à faire leur œuvre, et les tenir en haleine tout le temps nécessaire. Ainsi, veut-on apprendre à lire à un enfant, il a de la peine à fixer son attention sur les lettres qu'on met sous ses yeux, et il lui faut longtemps pour les distinguer les unes des autres.

Au paradis terrestre l'homme déployait, dans une heureuse spontanéité, son activité naturelle. Il n'avait qu'à se laisser aller à sa bonne nature ; l'action, en se déployant d'elle-même, engendrait le plaisir, et le plaisir à son tour provoquait l'action. La terre ne lui refusait rien de ce qu'il avait besoin de lui demander ; l'ordre régnait partout, la lutte et la guerre n'étaient nulle part.

Aujourd'hui, c'est notre condition de n'arriver au succès que par la peine, depuis qu'il a été dit à l'homme :

« Tu mangeras ton pain à la sueur de ton front. »

Le travail, par suite de la peine qu'il exige, rencontre donc dans la nature même de l'homme une première difficulté ; de là un premier effort à faire qui est de se vaincre, soi-même.

Une deuxième difficulté résulte des obstacles, des résistances que l'homme trouve en dehors de lui. Une lutte s'établit, l'obstacle excite l'effort et le courage, l'effort en triomphe. Malheur à celui qui, rencontrant devant lui un obstacle, s'arrête et laisse tomber ses bras ! Dans le monde réel notre volonté se trouve à chaque instant en présence de forces adverses. Le devoir est d'opposer à chaque résistance le juste degré d'effort qu'il faut pour en triompher, Démosthène lutta de longues années contre les défectuosités d'un organe rebelle au triomphe de la parole, et Christophe Colomb contre l'apathie de tous les souverains de l'Europe.

Nos réformateurs contemporains ne pouvaient nier la loi du travail, elle est impérieuse et universelle : tout homme est un ouvrier appelé à la fois à consommer et à produire. Ils ont essayé alors de détruire le formidable arrêt de la peine, en imaginant que jouir et travailler soient une même chose. Fourrier a inventé la théorie du travail attrayant ; il a confondu le plaisir et le travail. Mais le travail attrayant est une utopie, et la confusion du travail et du plaisir une chimère. L'expérience démontre que le peuple va au plaisir et non à la peine ; à l'attrait, et non au devoir ; il aime à consommer et non à produire. Le plaisir, d'ailleurs, contient quelque chose de corrupteur et d'amollissant qui se refuse à la peine et fait fuir la douleur.

Il n'est pourtant guère possible d'y échapper. Les hommes sur toute la terre font ce que faisaient les Hébreux dans les jours de la captivité : ils allaient et pleuraient en jetant leur semence en terre ; mais au jour de la moisson ils rapportaient joyeusement leurs gerbes dans leurs bras. L'homme sème dans les larmes et moissonne dans la joie.

Selon Buffon, tous les hommes ont un penchant naturel à la paresse. Celui qui est laborieux surmonte ce penchant, et l'éducation doit exciter ce courage chez l'enfant.

La première loi de l'éducation, c'est la peine; la grande manière de donner de la force et du courage aux âmes, c'est de les mettre en face de l'épreuve, de leur faire aborder la souffrance, affronter le danger pour leur apprendre à tirer d'elles-mêmes de quoi surmonter toutes les difficultés.

Il semble qu'on vient de pays lointains et de terres barbares, quand on dit qu'il ne faut pas ménager le jeune homme; qu'il ne faut lui épargner ni le travail, ni la peine, ni la fatigue, ni la douleur, ni le vent, ni la pluie, ni la faim, ni la soif, ni le soleil, ni l'hiver; qu'il faut seulement les lui mesurer et ne point dépasser ses forces.

On a peur de ses énergies viriles qui se déploient quelquefois chez lui; une faculté est à peine éveillée, on la caresse, on la berce, on l'endort, de peur qu'en marchant dans la vie elle n'aille heurter du pied contre quelque pierre. On enveloppe toute son activité d'une douce langueur; on se charge de son corps, de son âme, de sa volonté; on lui parle de sa propre expérience. L'expérience, cette précieuse chose que les pères sont si désireux d'épargner à leurs enfants en leur communiquant la leur, sans qu'il leur en coûte rien ; mais que les fils sont si jaloux de se procurer à eux-mêmes, à leurs risques et périls.

Des êtres ainsi élevés sont à la fois très incapables et très exigeants. Ils veulent tous devenir riches et bien placés sans peine, être estimés et heureux sans peine. Cela se peut-il? Si cela se pouvait, qui est-ce qui ne serait pas riche, instruit, heureux, vertueux, sauvé?

Jeanne d'Arc disait qu'ayant été à la peine il était juste qu'elle fût à la gloire ; et Jésus-Christ dans son Evangile a dit que le royaume des cieux souffre violence, et qu'il n'y a que les vaillants qui l'emportent : *Regnum Dei vim patitur et violenti rapiunt illud* ». (Math., 11-12).

C'est ne rien comprendre à la vie que de croire qu'il appartient aux autres de faire notre œuvre en nous débarrassant de tout péril et de toute responsabilité. Faites votre œuvre vous-même, et marchez hardiment dans la voie qui s'ouvre devant vous, et où la Providence vous appelle.

FÉCONDITÉ. — PROFIT. — JOIE

BÉNÉDICTIONS DU TRAVAIL

Une première bénédiction est attachée au travail, c'est la fécondité. La terre ne donne pas toute seule l'abondance des biens qui nous sont nécessaires pour vivre. Les forces de la nature attendent le concours des forces humaines. Par le travail, se fait cette union ; la terre que l'homme a labourée de ses mains, arrosée ses sueurs, augmente et multiplie sa puissance de production.

Au contraire, partout où le travail de l'homme n'a pas passé, règne ou la stérilité, ou la bête. On a très bien fait remarquer que l'homme et la bête se disputent la possession de la terre ; tout ce que l'homme n'occupe pas, la bête s'en empare. Qu'une maison soit inhabitée ou malpropre, la bête s'y introduit, les microbes y pullulent, une mortelle insalubrité s'y établit.

Les champs, les prés, les forêts sont peuplés d'animaux ; plus un lieu est vide de l'homme et plus il est plein de la bête.

L'homme lui-même, s'il s'oublie et se néglige, voit la bête envahir sa personne de son vivant et, quand l'âme l'abandonne, son corps devient la proie des vers qui le détruisent et le réduisent en poussière.

Il se passe quelque chose d'analogue dans la nature humaine, l'âme et la bête se disputent la possession de l'homme. Tout ce qui n'est pas sous l'empire de l'âme, la bête s'en empare ; elle vit et domine en lui, par des instincts, des appétits, des sensualités, des passions qui détruisent la nature humaine, pour y substituer la nature animale. L'ange et la bête sont en lutte.

L'homme se dompte lui-même 'comme il dompte la matière. Par la culture intellectuelle et morale, l'âme déploie ses hautes facultés : l'esprit, le cœur, la raison, la volonté, la liberté, la personnalité.

Par le travail, l'homme devient tout ce qu'il veut devenir. « L'âme, dit Bossuet, a le pouvoir d'être conforme à tout. » Que l'homme travaille les vérités de la nature, devient conforme à la nature et se matérialis Que l'homme travaille les vérités de Dieu, il evient conforme à Dieu et se divinise.

Dieu bénit aussi le travail en le rendant profitable, et il produit les biens que les hommes recherchent, les richesses du corps, les richesses de l'âme, depuis le pain quotidien jusqu'à la liberté et la supériorité.

Cependant l'histoire nous signale, à l'origine, un préjugé contre le travail : 1° à cause de sa nature ; 2° à cause de son résultat, le salaire. Aujourd'hui encore, les classes bourgeoises ne voient dans le travail que le lucre et le moyen de s'enrichir ; le rentier joue le rôle du seigneur dans les sociétés féodales. Les premières aristocraties qui, fondées sur le droit et la force de la conquête, ne travaillaient que pour l'honneur et la gloire, estimaient que le caractère exclusif de l'homme libre, de l'homme noble, était le loisir qu'il occupait par le métier des armes, l'étude des lettres, les soins du gouvernement ; mais loisir incompatible avec un travail lucratif. Même les professions de savant, de lettré, d'artiste devenaient serviles si elles rapportaient quelque chose d'utile à la vie. Ce qu'il y avait de plus honorable, c'était d'être assez fort pour se dispenser de travailler soi-même et faire travailler les autres à sa place. Faire peiner le serf attaché à la glèbe portait avec soi une idée de grandeur.

Les aristocraties avaient en cela une idée si

fausse qu'elles aimaient mieux vivre de la faveur du prince que par leurs propres efforts.

L'esprit moderne est animé d'une tout autre doctrine; il professe qu'il est injuste de regarder le travail lucratif comme honteux. Vivre par les efforts de son labeur et par les efforts de son activité est ce qu'il y a de plus noble au monde. Vivre sans rien faire, aux dépens des autres, est ce qu'il y a de plus servile.

Pourtant, toute espèce de travail ne jouit pas du même honneur et ne comporte pas la même dignité.

Le sauvage poursuit à la chasse sa pâture; quand il l'a trouvée, la raison de son effort a cessé et toute son énergie se détend avec sa faim qui s'apaise.

Le pauvre peine tout le jour; quand le travail est fini, il consomme ce qu'il a gagné, se couche et s'endort pour recommencer le lendemain.

Un nombre considérable de familles traversent ainsi les siècles, sans jamais sortir de cette condition misérable. Cette insouciance du lendemain, répandue au cœur des classes ouvrières, engendre le paupérisme. Le premier jour sans salaire laisse ces multitudes affamées et frémissantes; elles demandent alors du pain ou la mort.

Cependant, du milieu de ces masses sortent des travailleurs plus prévoyants qui épargnent sur le salaire de la journée, forment un petit capital et ne travaillent plus pour vivre, mais pour s'enrichir. Cette classe nouvelle, laborieuse entre toutes, donne au travail la plénitude de sa fécondité ; devenir riche, de plus en plus riche, est le but et la raison de son activité, et, comme l'avidité va croissant toujours avec la puissance acquise, un amour immodéré du travail s'empare des hommes. Aussi est-il devenu une passion des générations présentes. On cherche du travail, on en demande, comme autrefois on demandait à ne rien faire. Les femmes, les enfants disputent le travail aux hommes. Les ouvriers ameutés proclament le droit au travail. On refuse le repos, même le repos religieux du septième jour, et on travaille le dimanche. A l'Orient, à l'Occident, partout, retentit le bruit du travail, partout on voit l'homme penché sur un sillon, sur une enclume ou sur un livre. Il n'y a plus assez de travail pour tout le monde ; la production dépasse la consommation. Alors, on voit le travail conspirer contre lui-même ; entre les travailleurs s'élèvent des concurrences ruineuses et des guerres économiques plus cruelles que celles qui se vident sur les champs de bataille.

Une lutte suprême s'engage enfin entre les deux facteurs de la richesse, entre le capital et le travail, entre le patron et l'ouvrier, entre le pauvre qui gagne péniblement le pain du jour, et le riche qui jouit en paix du fruit de son travail, et ces luttes terribles ébranlent les bases de nos sociétés modernes.

En présence de cet antagonisme, on se demande lequel vaut le mieux, du travail ou du capital. Autrefois, le capital prévalait sur le travail, le possesseur du sol était le maître, le travail était de soi mineur, esclave, serf, sans droit aucun ; il tend à devenir, aujourd'hui, majeur, libre, souverain. Autrefois, la propriété était inamissible et inaliénable ; aujourd'hui, une révolution s'opère, les fortunes sont mobiles ; la propriété, le capital, s'ils ne se renouvellent pas, se perdent ; plus nous allons, plus la terre appartient à celui qui la travaille, et l'argent, à celui qui le gagne. L'ouvrier a conquis un pouvoir politique et économique. Le travail, de jour en jour, prend la prépondérance sur le capital ; il prétend même pousser sa victoire jusqu'à le détruire et l'anéantir.

Il faudrait pouvoir établir entre eux un équilibre aussi parfait que possible. Le travail est une loi première de la vie, mais le capital est nécessaire à toute civilisation, et une société où chacun peinerait pour suffire à ses besoins matériels verrait se produire un abaissement de l'esprit. Pour cultiver les sciences, les arts, les belles-lettres, la philosophie, ne faut-il pas être délivré des premières nécessités de la vie?

Au fond, auquel des deux, du travail ou du capital, revient la supériorité ?

Si, au sein de l'humanité, l'un des deux devait disparaître, quel est celui qu'il faudrait laisser périr?

Le travail produirait de quoi vivre et le capital mourrait de faim ! Le travail referait le capital et le capital se perdrait par l'oisiveté et la jouissance.

Donc, le travail se sauve de lui-même, et le capital, de lui-même, succombe.

Mais, dans cette lutte, le travail n'ira pas jusqu'à tuer le capital : entre eux, l'intelligence est un lien, on l'oublie trop souvent. Seulement, de plus en plus, le travail perdra son caractère servile, de plus en plus il sera estimé. Il est à la peine, il doit être à l'honneur.

Il y a pour travailler des raisons plus hautes: le travail s'exerce encore dans un but supérieur. Ce n'est plus pour vivre, ce n'est plus pour s'enrichir, ce n'est plus pour jouir que l'homme travaille. C'est pour accomplir la première loi de la vie, pour remplir un devoir, devenir meilleur, déployer ses facultés, agrandir son existence, ajouter au progrès de l'humanité, le progrès de sa propre vie. C'est pour cultiver son esprit, cultiver sa conscience ; non moins que l'esprit, elle a besoin de culture ; les vertus, l'amour du bien, le dévouement, l'empire sur soi-même n'y fleurissent pas tout seuls ; il y faut des soins ; la grammaire, la comptabilité, la géographie, des notions de chimie ou de dessin ne nous apprennent pas à résister à nos penchants et ne remplacent pas la morale, règle de la vie, qui ne peut se fonder que sur la connaissance des devoirs imposés par Dieu. Ce n'est que par une continuelle vigilance que l'homme peut accomplir ces grands devoirs.

L'Evangile a dit : *Posui vos ut eatis et fructum afferatis et fructus vester maneat ;* je vous ai posés pour que vous produisiez du fruit et que votre fruit demeure (Saint Jean, XV, 16). Il enseigne qu'un bon arbre porte de bons fruits ; qu'aux fruits on reconnaît l'arbre, et il maudit le figuier stérile. Et le travail, il l'appelle *veiller*, tenir sa lampe allumée comme les vierges sages. Dans la parabole des talents, il traite tout au long le problème du travail.

PARABOLE DES TALENTS

« Un homme partant pour un long voyage

appela ses serviteurs et leur mit son bien entre les mains ; il donna cinq talents à l'un, deux à l'autre, et un seul à un autre, selon la capacité de chacun, et partit aussitôt.

« Celui qui avait reçu cinq talents s'en alla trafiquer avec cet argent, et en gagna cinq autres. Celui qui en avait reçu deux en gagna de même deux autres. Mais celui qui en avait reçu un seul, alla creuser la terre et y cacha l'argent de son maître.

« Longtemps après, le maître de ces serviteurs étant de retour, leur fit rendre compte. Celui qui avait reçu cinq talents, s'approchant, lui en présenta cinq autres, en disant : Seigneur, vous m'aviez confié cinq talents, en voici cinq autres que j'ai gagnés. Son maître lui répondit : C'est bien, bon et fidèle serviteur, parce que tu as été fidèle en peu de choses, je t'établirai sur beaucoup : entre dans la joie de ton maître. Celui qui avait reçu deux talents vint aussi, et dit : Seigneur, vous m'aviez remis deux talents, en voici deux autres que j'ai gagnés. Son maître lui dit : C'est bien, serviteur bon et fidèle, parce que tu as été fidèle en peu de choses, je t'établirai sur beaucoup : entre dans la joie de ton maître.

« S'approchant à son tour, celui qui n'avait reçu qu'un talent dit : Seigneur, je savais que vous êtes un homme dur qui moissonnez où vous n'avez pas semé, et recueillez où vous n'avez pas vanné. J'ai eu peur, et j'ai été cacher votre talent dans la terre : le voici, je vous rends ce qui est à vous. Son maître lui répondit : Serviteur méchant et paresseux, tu savais que je moissonne où je n'ai pas semé, et que je recueille où je n'ai pas vanné : il te fallait donc porter mon argent aux banquiers, et, à mon retour, j'aurais retiré ce qui m'appartient avec un intérêt. Otez-lui donc ce talent, et donnez-le à celui qui en a dix. Car, on donnera à celui qui a, et il sera dans l'abondance ; mais à celui qui n'a pas, on ôtera même ce qu'il semble avoir. Et jetez ce serviteur inutile dans les ténèbres extérieures. C'est là qu'il y aura des pleurs et des grincements de dents. »

Jésus-Christ voulait faire comprendre à ses apôtres la nécessité où nous sommes de travailler pour préparer le jour du retour du maître, le jour des rétributions éternelles. La forme empruntée aux habitudes commerciales n'a rien perdu de sa clarté, je dirais presque de son à-propos, et la leçon cachée sous ces images familières nous intéresse tous au même titre et au même degré que les disciples.

Dieu est le père de famille, nous sommes ses

serviteurs. Que de gens se croient *leur maître*. Ils se croient libres de disposer à leur gré de leur temps, de leurs facultés, de leur vie. Et même, s'ils le pouvaient, ils voudraient disposer aussi des autres, se servir de tout. Avides, ambitieux, ils se font le centre du monde ; ils déplacent le but de la vie et le fixent en eux-mêmes. C'est ce que l'Evangile a si bien appelé : « l'orgueil de la vie ». Cet orgueil attire tout à soi, quand il faut tout porter hors de soi, être serviteur et non maître. Il s'arroge tous les droits, il repousse la souveraineté de Dieu et absorbe ses bienfaits pour en jouir. C'est cet orgueil qui a fait dire aux Juifs : « Nous ne sommes les serviteurs de personne. »

Saint Paul dit au contraire : « Qu'avons-nous que nous n'ayons reçu ? » En effet, de quoi sommes-nous maîtres ? La vie ne nous est-elle pas donnée comme par un miracle ? La santé, la beauté, l'esprit, le génie, notre âme française, sont des dons naturels. Notre famille chrétienne, notre éducation religieuse, toutes les grâces reçues sont des dons surnaturels. Et même la science, la fortune, la position sociale, les vertus, sont des dons acquis ; il a fallu, pour les obtenir et produire la réussite, un concours de matériaux, de faveurs, de circonstances en dehors de nous. Combien d'autres ont travaillé sans succès. Combien ont été arrêtés avant d'atteindre le but.

Puisque nous avons tout reçu de Dieu, nous sommes donc ses serviteurs ; nous ne possédons rien en propre, et nous devons user de tout suivant la volonté de Dieu.

La distribution des talents est inégale ; mais qu'importe le nombre des talents : à celui qui a *plus* reçu il sera *plus* demandé. Celui qui a davantage est tenu à plus de vigilance et encourt une responsabilité plus grande. Voyez comme cela allège les inégalités de ce monde, et les efface, ainsi que les mauvaises convoitises dont elles étaient l'objet : il y a *dépendance commune* à l'égard de Dieu ; *obligation commune* du travail pour faire valoir les talents. Celui qui aspire à des dons plus élevés que son talent, augmente non son bonheur, mais son fardeau ; et tous les fardeaux sont plus lourds quand ce n'est pas Dieu qui les impose.

Quand vient le jour du rendement des comptes, celui qui a plus n'apporte ni orgueil, ni égoïsme, au contraire : reconnaissance, travail et responsabilité, Pierre apparaît avec Rome et la Judée converties, Paul avec le monde païen, la mère de famille avec ses enfants, les maîtres avec leurs disciples, les apôtres avec leur moisson d'âmes. Tous avec leurs pensées, leur cœur, leur volonté, leur droiture, montrent à nu une conscience où rien n'est effacé. Et le maître leur dit : C'est bien ! Quelle parole ! quel suprême contentement ! Dieu, le maître du temps, à qui toutes choses obéissent, qui vous dit : C'est bien ! Ils sont approuvés, ils sont récompensés.

Mais au serviteur qui a été non pas infidèle, mais lâche et paresseux, le maître dit : « Otez-lui le talent, car à celui qui n'a pas, on ôte ». Il a stérilisé le don de Dieu par sa négligence, et il essaie de se justifier par un sophisme et un blasphème : j'ai craint de mal faire; je n'ai pas voulu courir les risques. Comme si la sévérité du maître n'était pas un motif de plus pour agir.

Le serviteur paresseux a donc mérité sa déchéance. On lui enlève les dons. En effet, il n'a plus la possibilité de faire mieux à l'avenir, c'est fini. La perte de ses dons est fondée en justice et en raison. La même loi s'exerce sur les dons extérieurs négligés, comme sur les dons spirituels et surnaturels. L'âme est un feu qu'il faut nourrir, et qui s'éteint s'il ne s'augmente sans cesse. Toutes les qualités inutilisées s'amoindrissent, les sentiments généreux s'émoussent, le cœur tari se resserre; toutes les grandes pensées s'abaissent et la conscience s'endurcit. C'est la décadence lente dans une âme vivante où les dons s'éteignent, jusqu'à ce que le serviteur coupable soit jeté dans les ténèbres extérieures, seconde mort, celle-là éternelle.

Enfin, le maître dit au bon serviteur : « Parce que tu as été fidèle dans les petites choses, je t'établirai sur les plus grandes. » Fidèle dans les petites choses, c'est vrai. Quel peu de chose que la vie, que les œuvres humaines ! Mais pénétrée par Dieu, avec le don divin, ce rien deviendra très grand. Et dans le ciel Dieu récompensera, et ses dons, et notre peine à les faire valoir.

Au ciel donc la gloire éternelle, mais ici-bas le travail et la peine, car ce n'est pas en vain qu'il a été dit à l'homme : Tu mangeras ton pain à la sueur de ton front.

Tu travailleras la terre et tu gagneras l'aliment du corps, sinon tu mourras de faim, tu mourras physiquement.

Tu travailleras la vérité et tu nourriras ton esprit, sinon tu mourras d'ignorance, tu mourras intellectuellement.

Tu travailleras la beauté et tu nourriras ton cœur, sinon tu mourras du vice, tu mourras moralement.

Tu travailleras le ciel et tu nourriras ton âme, sinon tu mourras d'impiété, tu mourras religieusement.

Le travail donne au corps sa force et sa souplesse; à l'intelligence, sa lumière; au cœur, son amour; à la volonté, son énergie; à la liberté, son empire.

La religion élève encore plus haut la puissance et l'efficacité du travail.

Le travail chrétien fait la dignité du travailleur, il lui enlève son caractère servile, cette nécessité où il se sent lui-même sous le poids de je ne sais quel opprobre. L'esclave qui travaille ne se reconnaît pas d'autres fonctions dans la vie, que d'enrichir un maître et de se repaître lui-même; il traîne le joug comme le cheval son char et le bœuf sa charrue, et, au bout du sillon, il ne voit tomber, sur son front courbé par la fatigue, ni un rayon du ciel, ni un sourire de Dieu. Le chrétien, dans son travail, conserve toujours sa dignité devant Dieu, son honneur devant les autres hommes, le respect devant lui-même.

Une dernière bénédiction est attachée au travail, elle consiste dans le contentement et la joie qu'il procure; ce qui était un douloureux effort devient un bonheur; la peine se change en plaisir; l'effort se fait la sueur au front, non la tristesse au cœur; et l'amour du travail est tel, si vif, si naturel, qu'on ne peut plus s'en passer. Quand on a vécu d'une vie laborieuse, le loisir est un fardeau, l'oisiveté est un supplice.

Mystère sublime de la nature et de la vertu ! La vérité profonde est qu'il y aurait moins d'ennuis au terme d'une longue peine qu'au terme d'un long plaisir; plus de consolation dans l'effort, le travail et le sacrifice, que dans l'oisiveté, l'égoïsme et le vice. Il y a d'exquises douceurs au fond des calices les plus amers. Saint Augustin a spirituellement exprimé cette loi : *ubi amatur non laboratur aut si laboratur labor amatur.* Quand on aime on n'a pas de peine, ou si l'on peine, on aime sa peine.

La raison en est facile à trouver; c'est que les facultés qui se sont éveillées avec peine, à l'origine, pour être forcées de travailler, sont heureuses et reconnaissantes d'avoir été tirées de leur sommeil et d'avoir été soumises à de fortes et rudes épreuves.

La contre-partie existe ; la paresse est un état de langueur où, faute de culture, les facultés humaines meurent dans l'ennui et le dégoût. L'oisiveté est le vice par excellence, le seul radical, à pleurer toujours, à ne pardonner jamais. Il est un des péchés capitaux et le pire de tous, car mal faire, c'est encore travailler, mais ne rien faire c'est se soustraire à la loi *primordiale*, c'est croupir dans l'impuissance, faute d'avoir, ce qui est la condition de toute vertu, l'empire sur soi-même. C'est pire que tous les péchés possibles et de là, sans doute, est sorti ce dicton populaire que « la paresse est la mère de tous les vices »; c'est la rouille qui ronge le fer lui-même et le consume. L'homme n'a pas le droit de vivre sans travailler. Cette oisiveté stérile d'une jeunesse sans vertu et sans grandeur, où se perdent la force du corps et de l'âme, l'énergie du caractère, la vivacité de l'intelligence, la tendresse du cœur, tous les dons de la vie, est punie par le mépris des honnêtes gens, l'avilissement et le dégoût de soi-même.

Le travail est une activité nécessaire, un besoin de nos facultés. Dans une œuvre, il y a donc le travail lui-même, la peine qu'on se donne, et il y a le fruit, le profit qu'on en retire. Le vulgaire croit que le fruit du travail vaut mieux que le travail, que le profit est meilleur que la peine. Le vulgaire a tort; l'acquisition de la richesse vaut mieux que sa possession, le père qui la gagne vaut mieux que le fils qui en jouit. La fortune se fait au milieu de peines et de soucis, de craintes et d'espérances qui enrichissent l'âme du travailleur; les deux richesses vont ensemble; tandis que la fortune, une fois acquise, se consomme et se perd dans des jouissances qui amollissent l'âme, et les deux ruines vont ensemble.

Pascal a dit que si l'on offrait, à un chasseur, le lièvre pour lequel il se fatigue toute une journée, il le refuserait. Le plaisir de la chasse vaut mieux que la possession du gibier qu'on chasse.

Lessing a encore mieux dit que Pascal : « Si j'avais à choisir entre la recherche de la vérité et la possession de la vérité, je choisirais la recherche de la vérité ! » Si Dieu n'avait pas voulu que l'homme prît la peine de rechercher la vérité, il la lui aurait donnée en totalité.

Archimède, un jour, trouva une vérité lontemps cherchée, il éprouva des transports de joie qui le firent passer pour fou. Cette vérité, aujourd'hui, passe de bouche en bouche, dans nos écoles, et se donne pour rien à des élèves qui restent froids, parce qu'elle ne leur a rien coûté ! Le travail et le devoir sont les solides plaisirs de ce monde.

La vraie joie consiste à déployer son activité, à étendre ses forces autour de soi, et elle est d'autant plus grande que l'âme a été remuée à plus de profondeur...

La doctrine du Christ seule donne au travail la plénitude de sa valeur. Là, il possède une vertu mystérieuse et divine : il est réparateur de la chute. La peine est le fruit du péché et elle en est aussi l'expiation. Appelé à remonter la pente des cieux qu'il a descendue par la chute originelle, l'homme fait des efforts d'ordre surnaturel ; par ses mérites, mêlés à la grâce de Dieu, il achève ce qui manque, au dire de saint Paul, aux souffrances de Jésus-Christ :

Par ce travail surnaturalisé, l'homme crée, en lui, un être nouveau, un être supérieur, fait à l'image même de Dieu et participant de la nature divine : *Divinæ consortes naturæ* (2 per., 1, 4).

Si, en collaborant avec la terre, l'homme, par le travail, en retire toute sa richesse et son utilité ; si, en collaborant avec lui-même, il féconde ses propres facultés et en obtient toute leur perfection possible ; si, en collaborant avec l'humanité, il achève l'homme, le type le plus parfait d'aujourd'hui ; en collaborant avec Dieu, il devient l'homme de l'éternité.

Et c'est ainsi que saint Paul nous dit : « De degré en degré, l'homme doit devenir parfait. »

Mais cette perfection, résultat de la collaboration divine, nous ne l'atteignons qu'au seuil de l'éternité !

Le travail le plus éminent, c'est donc le travail des âmes. Opérer leur avancement et leur salut est faire l'œuvre de Dieu sur la terre.

LE PROGRÈS

Le résultat naturel du travail est le progrès. Le travail est fécond et produit des biens qui permettent à l'homme d'améliorer son sort et d'agrandir sa vie. Le progrès s'explique par le labeur incessant des générations.

Le progrès est le déploiement de l'être vivant; c'est la vie en croissance. Ainsi la plante, par le travail de la germination, devient ce qu'elle doit être, et, conformément à sa nature, pousse successivement des tiges, des feuilles, des fleurs, des fruits, s'enrichit d'organes qui n'existaient qu'en puissance.

Quant à l'homme, tout progrès a pour principe la volonté et l'intelligence humaine. Il consiste dans son développement intérieur et dans le développement toujours plus complet de son énergie personnelle. Fortifier la volonté, développer l'intelligence. c'est d'abord accomplir un progrès, c'est de plus rendre possibles, faciles, nécessaires, tous ceux qui suivront. Ce développement doit être harmonique, s'étendre à l'âme entière.

Le progrès est un bien, il est un devoir. C'est le *doit être* de tout ce qui existe, c'est aller du moins au plus, du bien au mieux ; c'est s'éloigner du néant et se rapprocher de la plénitude de l'être ; c'est réaliser la destinée à laquelle nous sommes appelés.

Il est un bien du bien, c'est le mieux ; il est un mieux du mieux, c'est le parfait. L'homme doit aller au mieux quand il est dans le bien, comme il doit aller au bien quand il est dans le mal.

La marche peut être en sens inverse ; il y a la chute progressive du bien dans le mal, puis du mal dans le pire ; le lent et douloureux abaissement d'une âme qui fut bonne, et qui de mal en mal, de vice en vice, de ruine en ruine, tombe dans les degrés inférieurs de l'être.

C'est ainsi que, dans les cieux, l'ange des premières grandeurs, devenu rebelle, sentit ses ailes se diminuer, ses lumières s'obscurcir, sa beauté se flétrir, son être se dénaturer ; tout ce qui était bon, grand et pur en lui, tomber dans une corruption du bien qu'on a appelée la pire de toutes les corruptions : *Corruptio optimi pessima.*

Le progrès est la loi même de Dieu ; travailler contre le progrès revient à travailler contre Dieu, contre tout ce qui existe, contre soi-même.

Cette loi du mieux et du meilleur qui est en nous éveille et sollicite sans cesse toutes nos forces à se déployer, et le caractère du progrès est de croître toujours en richesse, en intelligence, en vertu, en puissance.

En effet le travail crée la richesse. Les capitaux s'accumulent, la fortune amène le bien-être, le luxe, les somptuosités, toutes les jouissances. C'est le progrès matériel. L'étude crée la science, les connaissances s'ajoutent aux connaissances. les vérités aux vérités, et l'intelligence va s'étendant toujours, comme de l'aurore au plein jour croît la lumière. Le cœur travaille son idéal, il l'agrandit, il l'élève chaque jour plus haut : *Sursum corda.* La volonté devient forte, énergique ; par elle l'homme acquiert l'empire sur les quatre mondes : Sur la nature pour la civiliser, sur lui-même pour se gouverner, sur les autres hommes pour les soumettre et leur apprendre à gouverner plus tard. Enfin, la volonté humaine acquiert un pouvoir sur Dieu lui-même, qui lui permet de collaborer avec lui, et qui attend le désir et l'effort de l'homme pour déverser sur lui tous les biens que sa bonté infinie lui destine.

Tel est l'ordre du progrès humain. Un économiste exprimerait cette marche par cette formule toute commerciale et technique : Avec le moins de frais possible, le moins de temps possible, le moins de peine possible, obtenir un produit en plus grande quantité, de meilleure qualité, et de plus haute valeur. Un philosophe donnerait à cette loi une expression plus relevée et toute morale : Toujours plus avoir, toujours plus savoir, toujours plus pouvoir. Ce que Jésus-Christ a exprimé dans ce beau langage : Aimer Dieu de tout son cœur, de tout son esprit, de toute son âme, de toutes ses forces.

Le progrès individuel conduit au progrès général. Le siècle qui s'en va est chargé d'instruire celui qui le suit : « Le jour instruit le jour. *Dies docet diem.* »

Le premier devoir des générations qui se succèdent, c'est de mettre à profit ce qui leur a été laissé en héritage par leurs pères. Le second, c'est de grossir ce trésor sacré du fruit de leur labeur et de leur expérience. Recueillir ce que d'autres ont semé et semer ce que d'autres récolteront, telle est la tâche des hommes à mesure qu'ils passent sur la terre.

Chaque siècle, chaque race a un certain développement à accomplir qui est l'œuvre que Dieu lui a confiée pour la part de travail qui lui revient dans le grand ouvrage de la création. Un père qui ne désirerait pas que son fils fût meilleur que lui ne serait pas digne d'être père. Un homme qui ne serait que la copie servile d'un autre homme serait inutile ; s'il était supprimé, l'humanité n'y perdrait rien.

Un siècle, un peuple, une génération qui ressemblerait de tout point à celle qui la précède n'aurait pas de raison d'être, et pas de place à occuper dans la série des âges ; elle pourrait être supprimée sans dommage pour l'humanité.

PROGRESSISTES. — RÉTROGRADES

Certains écrivains qui attaquent les âges passés les flétrissent, les opposent les uns aux autres. Ce sont des esprits ingrats, étroits, personnels, qui ne sentent pas le passé vivre en eux et ne savent de l'humanité que ce qu'ils en possèdent. C'est comme si on maudissait son enfance et sa jeunesse au nom de la virilité et de la vieillesse. Mieux vaut sentir vivre encore en soi ses jeunes années.

Pythagore disait : Je me souviens d'avoir été Euphorbe, Hermotine, Delon, etc. Pythagore avait-il vraiment ce souvenir? Je ne sais. Mais moi je puis, en quelque sorte, dire : Je me souviens d'avoir été nomade, patriarche, hébreu, grec, romain. J'ai traversé tous ces états du passé. La conscience de ces races anciennes revit dans la conscience de chacun de nous.

Dans toute société se trouvent deux courants

agissant en sens contraire : les conservateurs d'un côté, les novateurs de l'autre ; les hommes de la stabilité et les hommes du mouvement ; les hommes du fait et les hommes du droit ; les hommes de l'autorité et les hommes de la liberté. Les uns attachés au passé et à tout ce qui a été réalisé de bien, les autres préoccupés de l'avenir et de tous les progrès qui restent encore à faire.

Les premiers, satisfaits de ce qu'ils ont obtenu, n'éprouvent aucun besoin de réformer leurs convictions et de les soumettre à l'examen. Des croyances anciennes appuyées sur l'autorité de quelques noms illustres revêtent pour eux un caractère d'orthodoxie qu'aucun doute ne peut atteindre ; ils ne soumettent jamais les principes, les règles de conduite généralement reçus, au contact des idées nouvelles que les siècles font germer ; ce qui a été, c'est ce qui doit être.

Les seconds, au contraire, tiennent leurs regards tournés vers l'avenir ; un goût d'activité, un esprit d'initiative détermine sans cesse chez eux un mouvement en avant. Ce qui a été ne leur suffit pas ; ils demandent toujours plus de lumière, toujours plus de justice, toujours plus d'amour et de dévouement, toujours plus de liberté. Devant eux flotte un idéal, des sentiments, des pensées qui leur paraissent supérieurs à l'ordre existant, à l'organisation actuelle des sociétés. Les générations qui finissent et qui n'attendent plus d'avenir sont assez portées à croire qu'il n'y a rien à faire après elles et que le monde va cesser de tourner. Celles qui commencent et se séparent du passé s'imaginent volontiers que tout commence avec elles et que le monde ne tourne que depuis leur entrée dans la vie. Ainsi pour les révolutionnaires, la France ne date que de 1789.

Il existe une autre race inférieure et vulgaire, qui n'a ni souvenirs du passé, ni vues dans l'avenir. Ceux-là ne connaissent de la vie que ce qu'ils voient de leurs yeux; ils n'ont que les opinions banales, étroites, de tout le monde, comme ce paysan de la vallée qui ne voit du ciel que ce qui s'étend entre ses deux montagnes, et croit que tout finit où finit son domaine. Ce sont des foules brutes, stupides, qui s'effarent devant toute idée nouvelle, et sont, comme dit Tacite : « *Stupet nominibus et in titulis :* Il entre en admiration devant des noms et des titres. »

Les peuples primitifs allaient chercher la vérité dans les siècles qui les avaient précédés, toute science leur venait par tradition des premiers jours du monde, et non du travail de la pensée humaine. La sagesse, la loi venaient de Dieu même qui l'avait enseignée aux premiers hommes, et elle était transmise religieusement de bouche en bouche, de générations en générations à travers les âges. Les jeunes gens qui voulaient s'instruire venaient la demander aux vieillards qui l'avaient reçue de leurs pères. Une preuve fondée sur la tradition était irrécusable et constituait la base la plus solide de la philosophie sémitique : « Ecoute-moi, disait *Job*, je te raconterai ce que les sages nous ont transmis, ce qu'ils ont appris de leurs pères. » (Job, 15-17.) « *Interroga generationem pristinam et diligenter investiga patrum memoriam ;* interroge la race des ancêtres, et fouille soigneusement la mémoire de tes pères. » La vieillesse était l'image de la sagesse et l'expression de la supériorité sur les autres parmi les hommes.

Aujourd'hui, cette source de la vérité est oubliée, complètement tarie. La vérité ne se puise plus que dans le travail de l'intelligence humaine, dans les données de l'expérience et de l'observation personnelle. La révolution opérée dans les esprits est telle, que les savants les plus en renom parmi nous sont ceux qui détruisent ces vérités antiques descendues du haut des âges. Ceux qui enlèvent à l'âme humaine ses pensées les plus chères, et ses croyances les meilleures, comme Voltaire, Littré, Renan, passent pour être les génies du monde nouveau ; et les vrais penseurs ont bien de la peine à maintenir au-dessus du naufrage ces croyances naturelles et imprescriptibles de l'humanité [1].

Ces deux courants opposés, ces deux formes de l'esprit social qui règnent chez les peuples ont leur nécessité et leur raison d'être. Les traditions du passé sont le sol même sur lequel repose la société. Un peuple ne peut rester flottant dans les airs; les conservateurs ont donc leur rôle; ils ont la première part de la vérité sociale. Les grandes nations s'appuient avant tout sur la force des traditions, et Ennius a eu raison de dire :

Moribus antiquis res stat romana virisque.

Si quelque chose est vrai, c'est que les nouveaux venus doivent profiter des leçons et des exemples du passé, mais ils ont mieux à faire

---

[1] Dans notre temps la vieillesse des idées est devenue un travers comique qu'on traduit sur la scène. Une doctrine est vraie parce qu'elle est nouvelle. Autrefois c'était l'antiquité et l'autorité qui paraissaient les signes infaillibles de la vérité.

De nos jours une opinion perd toute valeur par là même qu'elle date de loin, et remonte très haut dans la suite des âges. (P. Janet, *Principes de métaphysique*, t. II, p. 341.)

que de copier servilement ce qu'ont fait leurs pères. Les vrais continuateurs des hommes du passé ne sont pas ceux qui les imitent scrupuleusement, mais ceux qui semblent les contredire. Les meilleurs héritiers d'Aristote ne sont pas les docteurs du moyen âge : c'est Descartes. Ceux des poètes antiques : c'est Racine, c'est Lamartine ; tous ceux qui continuent et poussent plus avant l'œuvre commencée.

La Bruyère commence son ouvrage par ces mots étranges : « Tout est dit, et l'on vient trop tard depuis sept mille ans qu'il y a des hommes ». Non, nous ne venons pas trop tard, je croirais plutôt que ce sont nos premiers pères qui sont venus trop tôt, et que ceux qui viendront après nous viendront à une heure encore meilleure.

Un homme d'Etat a dit : « Je tiens que le passé ne suffit jamais au présent. Ce qui a été, c'est bien ; ce qui va être, c'est mieux. Hier, c'est quelque chose, demain vaut plus. »

« Le moyen âge par exemple, est sans doute la plus grande époque du catholicisme, l'histoire n'offre pas de développement plus complet et plus magnifique d'une idée que le XIII° siècle. Le XIII° siècle, c'est Innocent III sous la tiare et saint Louis sur le trône ; ce sont les Croisades, les grands ordres religieux ; c'est saint Thomas d'Aquin dans la théologie, Dante dans la poésie, Cimabué et Giotto dans la peinture renaissante ; c'est le style ogival dans l'architecture. Le monde rêvera-t-il jamais rien d'aussi grand ? Est-ce à dire que nous devions nous hâter de revenir aux conceptions religieuses, sociales, artistiques du moyen âge ?... Que la théocratie catholique est la forme nécessaire de l'Eglise et de l'Etat ?... Rien n'est beau, rien n'est vrai qu'à sa place. Les plus grands faits comme les plus grands hommes ont besoin de porter leur date. Toutes les restaurations sont des anachronismes. Ce serait un pauvre historien que celui qui méconnaîtrait le droit relatif de la féodalité, du pouvoir temporel des papes, de la scolastique, des Croisades, de l'Inquisition même, si l'on veut. Ce serait un pauvre chrétien que celui qui, élevant tous ses souvenirs à la valeur d'un type absolu, ne saurait rêver pour l'humanité d'autre avenir que son passé ! » (Le progrès chrétien, *Annales philosophiques*, mai 1881, p. 725.)

Lorsque, en 1789, les grands seigneurs comprirent qu'ils ne répondraient plus à la fonction qu'ils étaient chargés de remplir dans l'Etat, ils renoncèrent à leurs privilèges et acceptèrent gaiement de s'effacer ; et le clergé lui-même admit la formule politique nouvelle : Tous les Français sont égaux devant la loi.

Ainsi le progrès d'un peuple nécessite deux

actions simultanées : De la main gauche il recueille respectueusement et précieusement tout son passé glorieux ; de la main droite, il tend à l'avenir ce qu'il a recueilli, augmenté de tout ce qu'il a acquis. Il n'est ni réactionnaire, ni révolutionnaire, il est évolutionnaire.

POIDS DES SIÈCLES

Cette lutte du progrès sans cesse grandissant se vérifie-t-elle dans la suite de l'histoire humaine ? Ne voit-on pas les nations disparaître les unes après les autres? Les Egyptiens, les Babyloniens, les Perses, les Grecs, les Carthaginois, les Romains, s'éclipsent tour à tour de la scène du monde ; et les Bossuet, les Montesquieu, les Vico, n'ont pu raconter la grandeur d'un peuple, sans raconter sa décadence.

Une cause qui doit nécessairement interrompre la marche du progrès et amener des déchéances au sein de l'humanité, c'est la longue accumulation des progrès accomplis. En effet, si le fleuve de la vie se grossit en traversant les siècles de tous les affluents des générations humaines, qui lui versent le tribut de leurs œuvres, le poids des siècles va s'aggravant tous les jours. Plus les âges s'amassent derrière nous, plus il devient difficile à l'esprit de porter le fardeau de tant de connaissances. Plus nous avançons en civilisation, plus nous sommes aux prises avec les choses elles-mêmes.

Les problèmes résolus soulèvent d'autres problèmes plus ardus et plus difficiles, et la science qui, à grand'peine, vient de dénouer une énigme, voit cent autres énigmes plus obscures naître sous ses pas.

Nous descendons de plus en plus dans le cœur et le vif de la création. Les géologues s'enfoncent dans les entrailles de la terre, les astronomes dans les profondeurs des cieux. Les chimistes pénètrent jusqu'aux premiers éléments des corps ; les philologues jusqu'à la racine des idiomes primitifs ; l'histoire, le flambeau de la critique à la main, remonte dans la nuit de nos origines, et la politique remue le sol humain à toute profondeur pour y rencontrer la base solide et rationnelle des sociétés. Dès lors, il importe de descendre plus avant dans l'âme humaine pour y chercher les forces cachées qui dorment encore, et donner à ses facultés une étendue, une pénétration, une puissance proportionnelle à la difficulté des problèmes à résoudre.

Nos travaux se multiplient, notre époque

demande une fécondité croissante. Tacite disait que de son temps un espace de quinze années était une grande part d'une vie mortelle : « *Quindecim annos grande mortalis ævi spatium.* » Aujourd'hui, on ne compte plus par années, et les jours modernes contiennent autant d'événements que les anciens siècles. Celui qui multiplie ainsi sa vie multiplie sa peine et doit multiplier aussi ses forces. Il faut plus de vertu pour porter son instruction que pour porter son ignorance ; pour porter sa richesse que pour porter sa pauvreté ; pour porter ses vertus et ses mérites que pour porter ses vices et ses faiblesses. Est-il étonnant que, sous de tels fardeaux, l'être humain succombe ?

Les héros de l'*Iliade* se plaignaient d'être considérablement dégénérés de leurs ancêtres, et de ne plus pouvoir remuer de la main des rochers énormes que ceux-ci lançaient d'un bras vigoureux jusqu'au milieu des flots. La loi du progrès commande au contraire aux générations récentes d'être de tout point supérieures aux générations précédentes.

Vous êtes les derniers venus des siècles, la tâche qui vous est confiée est loin d'être diminuée. Vous avez été constitués en une grande nation ; la plus riche, la plus éclairée, la plus libérale, la plus vaillante, la plus laborieuse, la plus juste, la plus heureuse de toutes les nations du globe; la France, par exemple. Comme elle, vous avez à porter quatorze siècles de gloire ; vous n'avez pas allégé le poids de vos obligations. Vous avez à courir de plus grands risques, à gravir d'un pas courageux les chemins de plus en plus rudes des hauts devoirs. Cette nation se doit à elle-même de répondre au mouvement en avant qu'elle a provoqué au sein de l'humanité, et de poursuivre une œuvre qui grandit avec ce mouvement, comme lui grandit avec elle. Mais si, satisfait de son glorieux passé, satisfait de lui-même, ce peuple s'arrête sur le rude chemin des épreuves et des périls, pour jouir de sa gloire ; s'il ne s'encourage plus lui-même en élevant encore son idéal, sa foi, son espérance, à tenter la voie des grands avenirs, il a fini sa tâche, et se retire lui-même de la scène du monde où il n'a plus de grands siècles à courir ; ses jours sont comptés, son nom commence à s'effacer sur les pages vivantes de l'histoire.

Remarquons cependant que plus l'héritage des siècles est abondant, plus il est facile de l'agrandir; plus on possède de science, plus il est facile d'en faire. Apprendre à lire et à écrire est long, coûte beaucoup de peine et c'est bien peu de chose. Apprendre à lire les œuvres des grands hommes, savoir les écrire soi-même, vaut bien davantage, et souvent ne coûte pas beaucoup plus.

Par le cours des âges, se fait une épuration du bien, un triage de ce qu'il y a de meilleur. Le faux, le mal tombent et se cachent. A mesure que l'on avance dans les siècles, le dépôt des connaissances à acquérir, des vertus à conserver s'accroît ; mais aussi chaque progrès augmente l'énergie des facultés et la puissance de la vie. Les instruments de travail se perfectionnent, mais cette perfection même rend l'ouvrier plus paresseux. Il n'a pas besoin d'exercer sa pénétration et de créer une œuvre propre, quand la machine travaille pour ainsi dire toute seule, et que la langue qu'il a apprise pense par elle-même sans l'effort de son esprit.

Mais une autre cause, celle-là inévitable et fatale, met fin à tous les progrès; cette cause c'est la vieillesse. En avançant en âge, on n'arrive pas à la perfection de son être, on arrive inévitablement à la fin de la vie ! A force d'agir, de travailler et de produire, l'être s'épuise, s'use et dépérit. Par le seul cours du temps, l'homme vieillit et la vieillesse prépare la mort.

Dans la jeunesse la vie est sans bornes, la terre est à nous ; le ciel, les espaces, les siècles sans fin. L'âme dans ses aspirations est grande comme le monde, comme l'avenir, comme Dieu, qui est sans mesure.

Vient un moment où la vie se fixe, s'immobilise. L'horizon se resserre, les habitudes, les intérêts, les affections se restreignent ; la famille forme des limites que l'esprit ne franchit plus. Puis les quatre murs de la maison solitaire et stérile pèsent sur nous. Puis l'étroit espace d'une chambre, c'est tout ce qui nous reste de l'immense univers ; quelques jours précaires et souffrants, c'est tout ce qui nous reste de tant de vie ! Hélas, il faut se diminuer encore, et se réduire jusqu'à prendre l'exacte mesure de ce corps amaigri ; enfin, arrivé à sa dernière demeure, il travaille à tenir moins de place encore, en tombant en poussière, et en se vaporisant dans les airs. Que d'hommes, que de multitudes qui ne laisseront pas d'autres traces de leur passage sur cette terre !

Les peuples subissent le même sort : à une heure avancée de leur existence, ils sont pris des symptômes de la vieillesse. Les âmes s'épuisent comme les corps, et les esprits s'usent à l'usage comme s'usent les instruments de travail. De même que les sens s'émoussent, que la vigueur décroît, que le sang se refroidit ; de même que la conscience s'obscurcit, la foi diminue, l'espérance se lasse, la charité se glace, la gloire se fatigue, l'esprit se fausse et se subtilise, et la vie tarit jusque dans ses sources.

Le progrès matériel forme toute la civilisation, l'argent devient l'âme de la société. La science chasse la religion, la loi remplace la justice, et les mœurs détruisent la morale. L'État écrase l'individu, et les forces collectives brisent les forces personnelles. Les gens de bien sont au mépris, et les gens de mal sont aux honneurs. Les premiers, d'une honnêteté passive et d'une vertu négative, n'ont d'autre ambition qu'une situation toute faite et non une fortune à faire. Ames pusillanimes, elles ont la préoccupation des petites choses, et la terreur puérile des grandes. Elles ressemblent aux vieillards qui retombent dans l'enfance. C'est la partie de la nation qui a perdu la virilité.

Les gens de mal sont, au contraire, la partie active, remuante de la nation. Hommes nouveaux, hardis, entreprenants, qui n'ont à respecter ni les traditions, ni la gloire d'un passé où ils n'étaient pas; ils ont tout à gagner aux agitations politiques et aux révolutions. Ils s'emparent des affaires publiques dont ils font leurs propres affaires, et ils ont bientôt consommé l'héritage des siècles écoulés, mis la nation en péril, et sur le penchant de sa ruine.

La déchéance d'un peuple vieilli et corrompu est encore plus rapide si, à côté de lui s'élève une race jeune, vertueuse, qui prend sa tâche, ses gloires, ses espérances, sa civilisation au point où il les a laissées, et s'empare de l'avenir. Elle précipite alors la chute de la nation en décadence, et s'élève sur ses ruines; bientôt il ne reste plus de ce peuple qui fut glorieux qu'un long souvenir dans l'histoire, et l'ombre d'un grand nom.

Ainsi, les peuples n'ont tous qu'une existence passagère; tous n'atteignent qu'une perfection et une grandeur relatives; la civilisation passe de l'un à l'autre, et l'humanité progresse dans son ensemble. Mais accomplira-t-elle un progrès infini? Arrivera-t-elle jamais à la perfection absolue? C'est là une fausse théorie historique; la perfection est un idéal que l'homme est condamné à poursuivre toujours, sans jamais l'atteindre, parce que, entre le fini et l'infini, il y a une contradiction que le progrès ne saurait faire disparaître. Cela vient de l'incapacité de la créature de s'égaler jamais à Dieu; on a beau ajouter le fini au fini, le temps au temps, l'espace à l'espace, on n'obtient jamais l'infini lui-même.

L'antiquité a professé une doctrine, c'est celle

de la déchéance fatale de l'humanité. Tous les sages de la Grèce et de Rome ont répété avec Horace :

> Damnosa quid non imminuit dies?
> Ætas parentum, pejor avis tulit
> Nos nequiores, mox daturos
> Progeniem vitiosiorem [1].

La terre n'est pas le lieu où s'achèvent les choses. Les sociétés humaines finiront, l'humanité passera, mais l'âme humaine survivra à l'humanité ; et c'est dans un autre monde, dans le sein de Dieu, que se continuera le progrès sans fin, l'éternelle ascension des âmes vers l'éternelle perfection.

---

[1] Siècle pernicieux, que n'avez-vous amoindri ? nos parents moins nobles que leurs aïeux nous ont rendus pires encore, et n'allons-nous pas donner le jour à une race plus dégénérée ?

AVERTISSEMENT

L'étude du problème de la vie a montré que le but de la vie humaine est de mener toutes nos facultés à leur perfection. Ce grand travail, c'est le « Devoir ». Il se divise en autant de vertus que nous avons de facultés à développer.

1° Nous avons un corps; il faut en faire le meilleur instrument possible au service de l'âme. C'est la vertu de *tempérance* qui résume le gouvernement du corps, et de tout ce qui s'y rapporte.

2° Nous avons une intelligence; il faut la conduire à sa perfection par la recherche de la vérité. La vertu qui guide l'intelligence dans cette recherche s'appelle *prudence* ou *sagesse*.

3° Nous avons un cœur; il a pour objet le beau, c'est-à-dire la splendeur divine rayonnant à travers les choses visibles. La vertu qui développe et gouverne le cœur, c'est l'*amour* et la *bonté*, amour désintéressé.

4° Nous avons une volonté, faculté supérieure qui domine toutes les autres. La vertu par laquelle elle les gouverne, c'est la *force*.

5° Enfin, nous vivons en société, et c'est la *justice* qui doit en régler les rapports. Elle est le résumé de toutes les vertus précédentes, transportées de l'ordre privé dans l'ordre social.

Tels seront la suite et le terme de *la science de la vie*. Cette suite n'ayant été donnée qu'en enseignement oral, ne pouvait être réunie aux pages écrites. Elle sera l'objet d'une autre publication.

ÉTUDES DÉTACHÉES

L'IMMORTALITÉ. — LA RELIGION

ÉTUDE SUR L'IMMORTALITÉ

« L'immortalité de l'âme, dit Pascal, est une chose qui nous importe si fort et qui nous touche si profondément, qu'il faut avoir perdu tout sentiment pour rester dans l'indifférence sur ce qui en est. Toutes nos pensées, toutes nos actions doivent prendre des routes si différentes, selon qu'il y a des biens éternels à espérer ou non, qu'il est impossible de faire rien avec sens et avec raison, qu'en le règlant par la vue de ce point. » Ainsi que nous l'avons observé en posant le problème de la vie, il est des choses où l'homme peut se résigner à ignorer et à douter, mais ces questions nul ne peut consentir à les écarter de la main comme un vain fantôme.

Une grande erreur des savants modernes est de croire que le problème de l'immortalité de l'âme relève de leurs recherches et doit se résoudre selon les méthodes de la science ordinaire.

La question n'est pas expérimentale ni scientifique ; elle ne résulte pas de connaissances empiriques. Elle suppose des données premières des antécédents logiques auxquels elle se rattache ; elle jette ses racines dans une théorie psychologique.

Comme cela a été dit précédemment, on fait la science du présent, celle du passé, on ne fait pas la science de l'avenir. Pour connaître son existence présente, l'homme possède une faculté naturelle, la conscience ; pour connaître son existence passée, il possède une autre faculté naturelle, la mémoire. Mais il n'a point de faculté pour connaître son existence à venir. Ce qui sera, nous ne l'atteignons que d'une façon conjecturale, hasardée, prophétique, pleine d'incertitude, d'erreur[1].

La mort est muette, impénétrable ; derrière cette tombe, qu'y a-t-il ? L'inconnu. « Le silence

---

[1] C'est pourquoi la Révélation seule a pu donner à l'immortalité de l'âme toute sa certitude. L'idée instinctive qu'on en trouve chez tous les peuples en dehors du courant surnaturel est seulement une ombre de vérité, ou plutôt un germe de vie caché au fond de l'âme humaine et qui attend pour se développer la lumière révélée. Sans elle, il risque même de périr.

éternel de ces espaces infinis m'effraye », a dit Pascal. Quelqu'un est-il revenu de l'autre monde pour dire ce qui s'y passe?

Sommes-nous donc condamnés à ignorer ce qu'il nous importe si fort de connaître? Nous savons tout ce qui est frivole, futile, sans valeur; tout ce qui nous est nécessaire, nous l'ignorons.

Contre cette affirmation étrange de quelques prétendus savants que la mort termine tout, il y a la protestation de l'humanité tout entière; l'humanité a toujours cru le contraire. Placé entre le berceau et la tombe, l'homme a toujours porté son regard au delà de cet étroit espace; il a senti que l'air manquait et qu'il étouffait dans cette prison. Plutôt que de se contenter de cette misérable existence réduite à quelques jours, entre la naissance et la mort, l'homme s'est plu à croire à la survivance de son âme.

Le fond commun de toutes les religions, c'est le souci qu'elles dénotent d'un amour supérieur à l'ordre présent des choses. Enlever à l'homme cette immortalité, c'est lui ravir la meilleure part de son existence. Or, les croyances religieuses se rencontrent partout où il y a des hommes.

On a trouvé l'idée de l'immortalité chez les

hideux habitants du pôle qui vivent dans des maisons de neige, et chez les stupides sauvages de la Nouvelle-Hollande qui, en toute autre chose, ne sont guère plus avancés que les singes. Partout la question de l'avenir est posée, et partout elle reçoit une réponse. Partout et chez tous les peuples, la pensée s'étend au-dessus de leur tête et cherche une vie plus haute que celle de la terre. Partout l'espérance et l'attente d'un grand avenir s'élèvent aussi haut que la pensée peut atteindre. Cette réponse varie beaucoup avec les degrés divers de la pensée et de la civilisation.

Les nègres de la Nouvelle-Galles, croient qu'après leur mort leurs âmes voltigent sur la cime des plus grands arbres.

Les guerriers d'Odin, tombés sur le champ de bataille, sont admis dans le Walhalla, et vont se battre dans les nuages.

Les Chaldéens racontent la descente d'Istar aux enfers.

Chez les Egyptiens, un rituel funéraire est placé à côté de tous les grands morts.

Chez les Grecs, Ulysse aux enfers rencontre sa mère, et Achille y regrette la lumière du soleil.

Chez les Romains, Scipion, en songe, montre à son petit-fils les récompenses données aux sages, aux vertueux.

Partout le culte des morts, des tombeaux. On célébrait des repas dont le mort prenait sa part.

Privée des honneurs funèbres, l'âme en peine souffrait loin de son corps.

Tous les peuples ont des légendes, des prières, des chants qui rappellent les mânes saints, *diis Manibus*, les apparitions nocturnes, les revenants, les ombres errantes. Tous les peuples professent donc une croyance irrésistible à l'immortalité de l'âme. Les Gaulois n'hésitaient pas à prêter des sommes d'argent payables dans l'autre monde.

Et les gens maltraités par la vie, qui en appelaient à Dieu de l'injustice des hommes, s'écriaient comme Cicéron : « Personne ne m'arrachera de l'âme mes espérances d'immortalité ! »

Les meilleurs esprits, les plus grands, les mieux faits, naturellement pénétrés de cette même espérance, cherchaient à en opérer la démonstration rationnelle et, lors même qu'ils ne pouvaient y parvenir, ils ne cessaient pas d'y croire et y restaient profondément attachés. Platon, par exemple, reconnaît que l'immortalité reste plutôt pour lui une belle espérance qu'un vérité démontrée : « La chose vaut la peine qu'on se hasarde d'y croire, c'est un beau risque à courir, c'est un noble espoir dont il convient de s'enchanter soi-même. »

Caton fait cet aveu : « Je crois les âmes immortelles ; si c'est une erreur, c'est une erreur que j'aime », et un autre dit encore : « En un tel ordre de choses, j'aime mieux me tromper avec Platon, que d'être dans le vrai avec Epicure. »

Par contre, les sophistes de tous les temps qui ont l'habitude de maltraiter les meilleures vérités, les savants qui ont la prétention de les plier sous le joug de leurs méthodes, de leur discipline scientifique, ont presque tous abandonné cette noble espérance en la vie à venir.

L'école d'Epicure se donne la tâche de délivrer l'humanité de la crainte des enfers. Le but de la vie est de jouir des plaisirs et de la volupté ; l'âme au service du corps suit les destinées du corps, s'éteint avec lui. Le poète Lucrèce chante les mêmes choses. Pline l'Ancien s'écrie : « Quelle sottise de faire continuer la vie au delà du tombeau ; en cela la nature humaine est un mensonge, elle réunit la plus grande pauvreté et le plus grand orgueil. César, un jour, osa dire au Sénat : « La mort est la fin de toutes choses ; après elle, il n'y a place ni pour la tristesse, ni pour la joie. »

La science moderne a repris le problème et n'a pu le résoudre. Renan a très justement fait remarquer que « plus la science éclaire les choses autour de nous, plus elle obscurcit notre destinée ». S'étant placée à un faux point de vue, elle ne reçoit sur ce sujet que de fausses lumières. La matière seule existe, s'il n'y a pas d'âme, il n'y a pas immortalité.

Dans nos générations contemporaines, une vaste classe d'hommes qui s'appellent pratiques d'une part, et, d'autre part, les foules, les viles multitudes qui ont remplacé les anciens peuples, paraissent s'en tenir de fait à la doctrine suivante purement positiviste, sur le grand mystère de la vie humaine : La vie nous vient tout bêtement, sans que nous sachions comment ni pourquoi, et elle s'en va comme elle est venue.

Pousser la pensée dans la nuit qui précède et dans la nuit qui suit est peine perdue, métaphysique vaine et creuse. L'homme pratique, positif, qui parle ainsi, ne connaît de la vie que ce qu'il voit de ses yeux, que ce qu'il touche de ses mains, la matière; il n'a que des sens, des organes et facultés corporelles. Le fait contingent, fortuit, accidentel, fugitif est tout ce qui existe et tout ce que nous savons. Le reste, origine, fin des choses, l'absolu, l'éternel, etc., sont des suppositions ou des spéculations métaphysiques, sans valeur scientifique.

On voit que l'humanité arrivée à un âge avancé et touchant à ses fins dernières, au lieu de progresser et d'agrandir son existence, se précipiterait vers le néant, dans les doctrines pessimistes, sceptiques, qui seraient diamétralement le contraire des croyances joyeuses, heureuses qu'elle professait dans sa vigoureuse jeunesse. L'humanité à son déclin penserait-elle le contraire de ce qu'elle croyait à son lever ? Pour nous, au milieu de tous ces éléments d'information, que devons-nous penser ?

La question et sa solution sont quelque part, cachées au fond de l'âme humaine. Allons les chercher et les découvrir parmi les éléments premiers qui constituent la nature même de l'âme, parmi les instincts.

L'IMMORTALITÉ (INSTINCT)

L'*instinct* est la force naturelle, essentielle qui constitue un être et le caractérise.

Primitivement, l'âme agit d'elle-même, en l'absence de toute idée, à la façon des forces de la nature, comme l'aiguille aimantée se tourne vers le nord, comme la pierre tombe vers la terre, comme les astres gravitent autour du soleil.

L'instinct est aveugle; il ne sait pas ce qu'il fait, ni pourquoi il le fait. Inconsciemment, l'araignée tend sa toile, l'oiseau construit son nid.

L'instinct ignore le but et prend les moyens sûrs de le réaliser. Le charançon femelle creuse un trou égal à la longueur de son corps et le charançon mâle double cette mesure, or il aura des cornes qui doubleront sa dimension.

L'instinct est immuable ; dès le premier jour,

il est parfait : le rossignol a toujours su chanter.

L'instinct qui n'a rien appris ne se trompe jamais : l'abeille fait ses alvéoles avec une précision mathématique.

L'instinct est le fond de notre nature, notre nature même, nature donnée par Dieu et qui ne s'égare pas d'elle-même. L'instinct est *de soi*, vrai *de soi* et non de nous-mêmes ; il est avant nous et vaut plus que nous. Nous pouvons de nous-mêmes l'égarer, le pervertir, le perdre ; mais de lui-même, il ne nous trompe pas, il est vrai, il est de Dieu et nous régit souverainement.

Toute vie est confiée d'abord à l'instinct. L'individu ne vivrait pas une heure, s'il lui fallait raisonner tous ses mouvements. La société la plus intelligente ne vivrait pas huit jours de ses réflexions, de sa sagesse, de sa science, de ses lois, de sa politique... Individu et société vivent grâce aux instincts dont les données, les impulsions sont nécessaires, irréfléchies, irrésistibles.

Toujours la première partie de notre vie est confiée à la spontanéité et à l'inconscience.

Enfin, l'instinct, qui fait le présent, crée aussi l'avenir. Il n'est pas seulement ce qui est, mais encore ce qui doit être, ce qui va devenir. L'instinct pousse les êtres jusqu'au bout de leur existence, de leur force, depuis la semence jusqu'au plein développement des feuilles, des fleurs et des fruits. Le présent produit l'avenir; l'avenir sort de la force du présent et cet avenir ne ressemble en rien au présent ; c'est la vertu du présent qui pousse son existence et l'achève. Il s'agit d'un être en voie de devenir et de perfectionnement, non seulement cet être tend à persévérer dans son être et à conserver ses perfections acquises, mais encore à leur en ajouter de nouvelles.

L'instinct réalise donc le rapport mystérieux de l'avenir au présent ; c'est l'instinct qui lie le nid à l'oiseau.

Le fait instinctif résulte d'un rapport souvent secret, inconnu, des êtres vis-à-vis les uns des autres : le petit canard et l'eau, l'oiseau et son nid, son nid et ses œufs, ses œufs et ses petits.

A la naissance de l'enfant, un passage des plus étonnants s'opère de la vie à la mort; l'enfant renfermé dans le sein maternel ne fait aucun usage de ses sens, ne respire pas, ne mange pas; il ne vit que par le sang qui va des vaisseaux de la mère dans ses propres vaisseaux. S'il possédait une âme ayant conscience d'elle-même, il croirait mourir à tout jamais en quittant le milieu où il se trouve, cessant de recevoir le fluide de vie qui le nourrit ! Si on pouvait dire à ce petit être que ce qu'il croit la mort est pour lui une nouvelle vie, plus belle ; si on pouvait lui dire qu'il sera doué de sens, de nouvelles puissances dont il ne peut même pas se faire une idée, tout cela lui paraîtrait des rêves ! A l'heure de la délivrance, quelle ne serait pas sa surprise... l'air qu'il respire ! l'espace qui l'environne ! l'impression de la lumière dans ses yeux, des sons dans ses oreilles ! Nulle parole ne pourrait exprimer ce qui se passerait en lui... Ensuite, on viendrait lui dire qu'il doit encore mourir pour renaître d'une vie meilleure, dans un autre monde ; on lui dirait que son âme doit abandonner son corps pour vivre d'une vie plus haute, en serait-il surpris ?... « J'ai même comme un pressentiment, de cette vie, dirait-il, ce qui m'étonnerait, c'est qu'elle n'existât pas ! »

La chenille qui nous fait horreur, le ver qui se traîne dans la fange, qui se nourrit de corruption, se tissent un tombeau et semblent s'endormir du sommeil de la mort... Attendons quelques mois : le tombeau s'entr'ouvre et, au lieu de l'insecte repoussant, un être resplendissant s'en échappe, être qui vit d'air, de parfum, de lumière, et dont le vêtement rivalise d'éclat avec le rayon de soleil qui se joue sur le diamant, le rubis et l'opale! Ces phénomènes incroyables tombent heureusement sous notre observation et nous fournissent le présage des changements merveilleux de transfiguration qui s'opèrent en nous à l'heure de la mort sur la terre, car l'homme est vraiment la chrysalide d'une âme immortelle.

Ce rapport mystérieux, cet instinct qui lie l'avenir au présent est comme une vue inconsciente du but à atteindre et des moyens qui y conduisent. Oui, un instinct, principe premier et constitutif d'un être, est comme un esprit divinateur, une révélation prophétique de l'avenir promis à la vie présente qui ne se suffit pas. Leibnitz, si éclairé, si attentif sur tout ce qui se passe en nous, disait que nous portons en notre esprit des idées qui s'appellent les unes les autres, des pressentiments d'une chose qui va naître, « ces secrets désirs[1] ou avertissements d'une nature bien faite

---

[1] Il est important de distinguer le *désir instinctif* et le *désir libre*.

Le désir instinctif, l'aspiration fondamentale de la nature, atteint à sa manière les réalités, les vérités qui y correspondent.

Le désir libre, réfléchi, calculé, volontaire, est tout subjectif et ne contient aucune promesse réelle. Il peut ne pas se réaliser.

qui va naturellement à son but » sont comme le sentiment qui pousse l'oiseau à faire son nid et la chenille à faire sa chrysalide.

L'homme, comme toute créature, commence par l'instinct. En lui, des instincts grossiers qui tiennent de l'animal, tendent à la vie corporelle ; des instincts spirituels qui tiennent à sa nature humaine tendent à la vie intellectuelle et sociale ; enfin, des aspirations plus hautes, de nature transcendante, tendent au monde infini du Vrai, du Bien, du Beau, et l'atteignent à leur manière.

L'instinct, dans l'homme, c'est le corps agissant de lui-même, ce sont les facultés agissant d'elles-mêmes : c'est l'âme raisonnable agissant d'elle-même, à la façon des forces de la nature.

Si les instincts de la vie végétative et animale se retrouvent dans l'homme, il ne finit pas comme l'animal où finissent ces instincts corporels. A vrai dire, il ne commence même que là. La bête, par ses instincts, est fixée dans ses sens, et ses sens l'attachent à la terre, à des objets corporels, à des fins aveugles et serviles; rien ne peut la tirer de là. L'homme, au contraire, porte en lui les instincts de la nature supérieure, correspondant au monde invisible qui n'est pas soumis aux conditions de la matière, de l'espace et du temps, monde plus grand que toutes les créations, plus grand que l'âme humaine elle-même, et dans lequel réside tout le prix de la vie présente, monde éternel et infini. Comme l'œil corporel voit spontanément, avant de regarder volontairement ; comme l'oreille entend avant d'écouter ; de même, la conscience voit le Vrai, le Juste, entend la voix du Bien, et la raison conçoit l'Eternel, l'Infini, le Parfait. En nous réside quelque chose qui nous élève au-dessus de nous-mêmes, un désir de perfection qui forme en nous des âmes plus grandes que ce monde créé et qui le dépassent de toute la hauteur de l'Infini.

Dans cette étude de l'instinct, il importe de remarquer qu'en l'homme, créature perfectible, à la différence des autres animaux, l'activité inconsciente, les instincts, passent peu à peu sous l'empire et la lumière de l'intelligence qui se connaît, connaît l'œuvre, le but et les moyens qui y conduisent. Ces deux forces, instinct et intelligence, essentiellement distinctes, s'unissent et collaborent : l'intelligence travaille, cultive l'instinct, en fait de la science, par contre, en fait aussi l'erreur ; cherche à tirer de lui, au grand jour, tout ce qu'il renferme dans ses mystérieuses obscurités. Tout le naturel pauvre devient la liberté riche et, tandis que le rossignol chante toujours de même, Orphée varie son chant à l'infini.

En conformité avec l'instinct, l'intelligence développe puissamment la nature première, déploie tout cet être enveloppé, ce germe caché, cette semence ensevelie, à la façon d'un arbre qui lentement étend au loin ses frondaisons. Et l'homme devient un poète, un sage, un artiste, un héros ; il devient l'artisan, l'aide de la Providence et il fait de grandes choses, des œuvres merveilleuses. C'est en se fondant sur l'instinct attaché aux entrailles de la mère, que Salomon a pu rendre ce fameux jugement qui a fait éclater la vérité.

En opposition avec l'instinct, l'intelligence expose l'homme à se pervertir; elle crée des habitudes contraires, vicieuses ; elle passe de la droiture naturelle à la fausseté, à la duplicité ; elle fait une nature artificielle. C'est en favorisant un instinct aux dépens d'un autre que se fait cette œuvre néfaste, car l'homme porte en lui, comme nous l'avons remarqué, et les instincts du corps qui l'attirent en bas et les instincts de l'âme qui l'attirent en haut. S'il demande aux sens, aux appétits corporels, les joies, le bonheur que, seules, donnent les visions du vrai, du bien, du beau, car vrai, bien, beau, juste, infini, éternel sont instincts au fond de notre nature, il demande trop à la vie et veut faire tenir, dans l'espace d'une journée humaine, des jouissances réservées aux siècles sans nombre de l'immortalité. L'homme ainsi se fait une seconde nature qui détruit la première, qui la dénature. Et J.-J. Rousseau a pu dire : « L'homme qui pense est un être dégradé. » Alors l'intelligence s'use, se pervertit, extravague jusqu'à perdre de vue et à nier sa vie immortelle à laquelle elle croyait spontanément, sans réflexion, sans démonstration, instinctivement. Et l'âme s'écoule lentement dans les sens, dans la matière où elle se perd, sans plus soupçonner que la vie, en nous, pousse jusqu'à l'éternité, qu'enfermée dans le temps elle aspire à en sortir, qu'avec du fini elle fait de l'infini, avec ce qui est mortel, de l'immortalité.

Concluons : La vie future ne dépend pas de l'expérience ; elle est une croyance, une espérance, un pressentiment, une inspiration, un souffle venant de Dieu : « *afflatu quodam divino* ». Or pour croire, il faut le vouloir ; l'homme doit tirer de soi une force propre, des qualités personnelles de droiture, d'honnêteté, de bonne volonté, pour franchir les obscurités dont ces vérités sont couvertes. Il faut se plaire à adorer religieusement ces grandes vérités, sans les comprendre, et « s'en enchanter » pour ainsi dire soi-même, en les cherchant de toutes ses forces, au fond du mystère où elles sont cachées.

LA RELIGION

INSTINCTIVE. — RÉVÉLÉE. — CHRÉTIENNE

RELIGION INSTINCTIVE

Si Dieu est présent par la raison à l'âme humaine, l'homme est religieux. Puisque la raison est en l'homme et en Dieu, dit Cicéron dans ses *Tusculanes*, il y a une première société entre l'homme et Dieu, c'est-à-dire une religion qui relie l'homme à Dieu, et le fait participer à sa vie, à son esprit, à sa vérité.

Les deux caractéristiques du règne humain sont la raison et la religion. De tout temps, l'homme a été défini un animal raisonnable, et de tout temps aussi, un animal religieux. Il cessera d'être religieux quand il cessera d'être raisonnable. Otez la raison à l'homme et vous aurez l'animal, donnez la raison à l'animal et vous aurez l'homme [1].

---

[1] Renan lui-même a reconnu le fait :
« L'homme, dès qu'il se distingua de l'animal, fut

Par les dehors, l'homme ne diffère pas beaucoup des animaux supérieurs. C'est par sa vie mentale qu'il se distingue de l'animalité. La vie mystérieuse de la raison donne pour nous à l'univers son sens et sa beauté. Le monde constitue un ordre supérieur auquel l'homme appartient ; ce sont ces lois morales, capables de dominer les lois physiques, et de les plier à des fins supérieures, qui, dans l'animal humain, constituent l'humanité. L'homme n'est homme qu'autant qu'il leur obéit, et tel est le point de transition qu'il occupe entre deux mondes, que, s'il ne s'élève pas au-dessus de la brute, la perversion de sa vie le fait nécessairement tomber au-dessous.

Jusqu'à ce jour, on avait vu des croyants nier la raison au profit de la foi, et des rationalistes nier la foi au profit de la raison. Aujourd'hui, la libre pensée a compris que, pour supprimer la religion, il fallait supprimer la raison, et elle n'a pas hésité, elle a nié et la foi et la raison, au profit de la science.

Mais l'instinct dans l'homme est religieux, et la philosophie reconnaît que ce qu'il y a de plus sûr et de plus infaillible en nous, c'est l'ins-

religieux, c'est-à-dire qu'il vit dans la nature quelque chose au delà de la réalité, et pour lui quelque chose au delà de la mort. » *(Vie de Jésus,* ch. i, p. 2.)

tinct, l'instinct déposé par la nature dans les entrailles de l'âme humaine, à une profondeur où l'erreur ne descend jamais. L'homme est donc un être naturellement religieux, et l'impiété est un état contre nature.

L'expérience prouve que l'âme humaine est pieuse et qu'elle a des besoins religieux. Les âmes simples, droites, et pures, éprouvent le besoin d'adorer et de prier. « Elles se trouveraient isolées en ce monde désert, déshéritées et malheureuses, si elles ne pouvaient se confier à Dieu, et le mêler à leurs craintes, à leurs espérances. » Ainsi s'exprime Jules Simon.

Si le malheur nous atteint, un nom que l'on croyait oublié se place de lui-même sur nos lèvres. Perdez un fils unique, soyez trahi, déshonoré, vers qui crier, à qui se plaindre? Car si notre nature est faite pour souffrir, elle est faite aussi pour se plaindre de sa souffrance, et y trouver un adoucissement, une consolation, une espérance. Qu'une injustice soit commise quelque part sur la terre, qu'une iniquité frappe des innocents, que le bon droit succombe sous la force triomphante, partout une protestation monte vers le ciel; partout, un appel au jugement de Dieu en dernier ressort.

Et si la passion presse, si la faute arrive, la chute est si facile! A qui demander pardon? A qui confesser son crime ? Où trouver à laver sa faute ?... Quelque abattue que soit une âme malade, un relèvement est possible quand elle consent à prier.

On aura beau appeler à son aide les stoïques maximes d'Épictècte et de Marc-Aurèle, la plus sage des philosophies ne remplacera jamais la plus pauvre des religions, parce qu'elle ne répond absolument pas au besoin que celle-ci satisfait.

L'être moral qui est en nous a besoin de religion. Dieu, c'est le bien, et Proudhon ne savait ce qu'il disait en proférant sa fameuse formule : « Dieu, c'est le mal ! ». C'est dans ses meilleurs moments, alors qu'il est bon, honnête, vertueux, fidèle, que l'homme est le plus religieux. Les plus belles natures sont les plus religieuses. Qu'un peuple se trouve en présence de doctrines opposées, il reconnaîtra d'instinct quelle est la meilleure et la plus vraie ; c'est celle qui répond le mieux à la religion qui est au fond de son âme, celle qui est la plus religieuse.

Le simple fidèle ne connaît pas toutes les raisons de sa foi, mais il sent qu'elle est en rapport avec ce qu'il y a de meilleur et de plus noble en lui, avec ses facultés hautes, avec les grandeurs de sa raison et de son cœur ; il s'y soumet, il obéit à sa foi. Les démonstrations des savants s'ajoutent à cette démonstration intérieure, elles ne la remplacent pas. Voilà un homme équilibré, armé pour la lutte de la vie. Les passions viendront, mais elles trouveront une force maîtresse qui les gouverne.

C'est là, la première preuve naturelle et simple de la légitimité de la foi.

Au fond, toutes les religions, même les plus dégradées, les plus humiliées, élèvent leurs pensées vers le ciel, et soupirent après *le bon Dieu*, le vrai Dieu, alors même qu'elles ne le connaissent pas.

Si donc quelqu'un osait nier l'existence de Dieu, il devrait se demander, avec von Hartmann, comment il est possible d'admettre que, seule, parmi les grandes impulsions naturelles et spontanées qui font la vie du monde, la tendance religieuse soit sans objet, sans raison suffisante, sans vérité et, tranchons le mot : une pure mystification.

Voilà une des absurdités que l'incrédule, selon le mot de Voltaire, aurait à dévorer.

Mais en quoi consiste la religion ? Le sens religieux se compose d'un double sentiment, le sentiment du peu que nous sommes, et le sentiment de l'infini que nous voudrions être ; l'un qui jette l'âme aux pieds de l'infinie Grandeur et la met en adoration ; l'autre, qui détermine dans tout notre être un effort constant vers l'infinie Perfection, et nous pousse dans le chemin de la vertu. C'est là la religion « en esprit et en vérité », comme l'a définie l'Evangile : *in spiritu et veritate oportet adorare.*

Là, Dieu se révèle plus que dans ses œuvres, plus que dans ses miracles, plus que dans sa parole.

Il n'y a rien ici-bas qui soit supérieur au sentiment religieux, il élève l'âme au-dessus de toutes les vanités et de toutes les grandeurs de ce monde :

Que la terre est petite à qui la voit des Cieux !

Si une âme est sincèrement pénétrée de l'esprit religieux, il n'y a plus en elle ni haine, ni orgueil, ni pensée vaine, ni parole trompeuse. Elle ne se laisse vaincre ni par le plaisir, ni par la douleur, ni par la richesse, ni par la pauvreté, ni par la gloire, ni par l'opprobre. Elle est au-dessus de la vie et, par conséquent, au-dessus de la mort. La raison seule ne portera jamais un esprit à toute sa hauteur ; la religion, au contraire, est grande comme l'immensité et durable comme l'éternité.

Celui qui prie, qui espère, qui a soif des vérités éternelles, est un autre être que celui qui ne porte en lui ni foi, ni espérance, ni prière, et qui est vide des choses célestes : « *Anime celestium inanes* » (Perse, 11). Les autres sentiments ont une vertu limitée, et un objet d'un jour, tandis que le sentiment religieux embrasse toutes nos actions, et son objet est éternel. C'est pourquoi la religion qui est le tout de l'homme, comme dit Bossuet, doit être la première des sciences et le premier des arts ; la première des sciences : celle qui nous fait connaître, aimer et servir Dieu à la façon dont il veut être connu, aimé et servi ; le premier des arts : l'art de travailler l'homme et de le façonner à l'image et ressemblance de Dieu.

RELIGION RÉVÉLÉE

La religion, dans son principe, repose sur l'instinct, elle est un fait naturel, un acte primitif de la raison et du cœur, qui se produit spontanément. Mais, ni la philosophie, ni la science humaine ne peuvent aller au delà de cette donnée première et confuse, de ce sentiment instinctif qui nous fait adorer et prier Dieu. Elles ne peuvent créer artificiellement toute une religion positive, avec ses mystères et ses dogmes, ses sacrements et ses rites, et tout l'ensemble des devoirs qui sont essentiels à la vie religieuse.

Sans doute, le sens religieux est susceptible d'éducation et de culture, comme le sens du beau, du bien, du juste. Mais cette éducation et cette haute culture ne peuvent s'opérer par les seules forces de l'esprit humain. Dieu doit y avoir sa part nécessaire. Toujours un élément divin entre dans les actes de la vie religieuse :

le don de Dieu, la grâce, la force surnaturelle. Si l'esprit de Dieu n'anime pas l'esprit de l'homme, si l'âme mortelle ne s'assimile pas l'immortelle vertu de Dieu, la religion n'est qu'un rêve.

Le sens du divin et de l'infini n'est donc pas toute la religion, il appelle plutôt la religion, et lui fournit sa base naturelle.

La philosophie et la science ne nous apprendront jamais comment Dieu est à lui-même son principe et sa fin ; ce que c'est que son unité, sa trinité, sa personnalité ; comment Dieu a donné l'existence à la matière par un seul acte de sa volonté ; comment il a mis dans un peu de limon une âme vivante, comment cette âme est tombée, et comment elle a été rachetée, comment un royaume des cieux est constitué sur la terre, et comment les temps sont ordonnés en vue de l'éternité.

Et quand ce ne serait que la vie humaine à expliquer ; savoir ce qu'il faut en dire, ce qu'il faut en croire, ce qu'il faut en faire ? Si elle vaut la peine de vivre, ou s'il faut lui préférer le néant ? Quand ce ne serait que l'œuvre finale et suprême de la religion, celle à laquelle aboutissent toutes les autres, à savoir : de donner la science du salut « à tous les peuples qui sont assis dans les ténèbres et à l'ombre de la mort », comme le dit l'Evangile : *ad dandam scientiam salutis iis in tenebris et in umbra mortis sedent* (Luc, 1-17).

Cicéron, dans une sorte d'intuition chrétienne trouva un jour cette belle pensée dont il était loin de soupçonner toute la vérité : « L'Être qui approche le plus de la divinité, dit-il, est celui qui peut sauver les hommes. La fortune, ici-bas, n'a rien de plus grand que de pouvoir, et rien de meilleur que de vouloir sauver le plus grand nombre d'hommes possible. *Homines ad deos nulla re propius accedunt quam salutem hominibus dando; nihil habet nec fortuna tam majus quam ut possis nec melius quam ut velis servare quam pluribus.* »

Or, celui qui de son nom s'appelle Jésus, c'est-à-dire Sauveur, celui-là a apporté la science du salut à tout le genre humain. Celui qui fut nommé le Christ, c'est-à-dire le Messie, Fils de Dieu vivant, celui-là est descendu d'en haut, révéler toutes les vérités nécessaires au salut du monde.

Mais Jésus, mais le Christ est un mystère caché à tous les siècles, comme l'a dit saint Paul : « *mysterium quod absconditum fuit a seculis* » (*Coloss.*, 1-26). Le problème divin, en effet, échappe à la science et ne peut relever de ses expériences. La science, pour opérer ses découvertes a la méthode expérimentale; cette méthode ne sert à rien pour les vérités de Dieu. Ses attributs, ses perfections ne tombent pas sous nos observations et nos analyses, comme les propriétés et les lois de la matière.

Le surnaturel n'est autre chose que le naturel de Dieu. Où la nature finit, Dieu commence; où la science expire, la foi se lève. Le naturel de Dieu n'est rien de ce qu'est la nature; « Dieu habite une lumière inaccessible » (1 *Tim.*, 6-16). Il est incompréhensible et ne peut être défini par la parole, ni renfermé dans une pensée mortelle. Aussi, refuser de croire en Dieu parce qu'il est incompréhensible, comme l'a fait Littré, c'est refuser de croire en Dieu parce qu'il est Dieu. Si je comprenais Dieu, il ne serait pas Dieu.

Dieu seul peut nous révéler les mystères de sa nature. « De même, dit saint Paul, que ce qui se passe en l'homme, l'esprit de l'homme qui est en lui peut seul le savoir, de même ce qui est en Dieu, personne ne le sait, sinon l'esprit même de Dieu. » (I *Cor.*, 2-11.)

Par la science rationnelle des premiers principes et des premières causes, la raison arrive jusqu'aux confins du monde d'en haut; mais alors éclate son insuffisance naturelle et, pour monter au delà, le besoin d'un secours surnaturel se fait sentir. Car au delà ce sont *les profon-*

deurs de Dieu, les choses inaccessibles que Dieu ne nous a pas manifestées. Arrêtée au seuil du temple où le Très-Haut se tient, la raison s'incline et se tait, la foi commence.

Personne ne peut donc être instruit de Dieu, si ce n'est par Dieu lui-même, la vraie religion est donc nécessairement une religion révélée et d'ordre surnaturel.

« La religion et la philosophie sont deux choses essentiellement distinctes; elles répondent à deux états de l'âme humaine complètement différents. La philosophie ne cède qu'à la force irrésistible de l'évidence; la religion ne subsiste que par la foi, dogmes et mystères. La vérité, pour elle, n'est point la découverte laborieuse de l'homme, mais le don gratuit de Dieu. Elle la croit descendue du ciel par des voies qui ne sont point celles de la nature, par conséquent, elle ne peut se passer de surnaturel. Sans mystères, l'intervention divine est superflue, puisque la raison humaine aurait pu trouver ce qu'elle est en état de comprendre. Sans miracles, l'intervention divine n'aurait pu se manifester. » (Franck, *Religion et philosophie, études religieuses*, octobre 1867, p. 461.)

C'est l'erreur capitale de la libre pensée que de prendre la religion pour une doctrine qui doit lui passer par les mains; tous les jours, on fait comparaître Dieu devant la science qui n'a pas qualité pour en connaître. La philosophie a même essayé plus d'une fois de constituer une religion sur une base purement rationnelle ; elle n'a jamais obtenu que deux hommes se ralliassent à ses conceptions plus ou moins sérieuses ; et, comme on l'a dit, on n'a jamais vu de religion philosophique que chez certains professeurs de philosophie qui n'avaient point de religion.

Luther qui avait été nourri, dans sa jeunesse, des moelles de saint Paul et de saint Augustin, l'a dit : « La foi est une puissance dans le cœur ayant sa nature propre et particulière qui lui vient de Dieu, et où la philosophie n'a rien à voir ».

Mais le joug de la foi, qu'est-ce autre chose que le joug de la vérité? La vérité est-elle mieux garantie par l'évidence de l'homme que par le témoignage de Dieu ?... D'ailleurs, l'évidence elle-même garantit ce témoignage et cette foi. Il est évident à la raison que Dieu ne peut la tromper, et qu'elle est obligée de croire. Seulement, avec ses voiles qui l'enveloppent, la foi convient merveilleusement au temps de l'épreuve, parce qu'elle ne contraint pas, et permet d'y adhérer par amour [1].

[1] Il existe une certitude de la conscience, une certitude des sens, une certitude de la raison, une certi-

Si l'on consulte l'histoire, elle établit qu'il n'y eut jamais de religion naturelle, c'est-à-dire obtenue par les seules forces de l'homme. Les religions des divers peuples répandus sur la terre ne furent que des fragments, des débris plus ou moins altérés de la religion primitivement révélée. C'est pourquoi toujours toute religion s'est produite sous forme surnaturelle et révélée, et jamais comme étant une création spontanée de l'esprit humain.

tude historique; il existe aussi une certitude inspirée, c'est-à-dire une certitude des vérités religieuses et révélées.

RELIGION CHRÉTIENNE

De toutes les religions qui ont paru sur la surface de la terre, la religion de Jésus-Christ est la seule vraie, la seule légitime.

Parce qu'elle est la seule qui remonte au premier jour du monde, la seule qui se soit perpétuée sans interruption à travers les âges, jusqu'au temps prédit du Messie, dont elle annonçait la venue dans ses dogmes ; la seule qui désormais traversant les siècles futurs, ne s'éteindra que le dernier jour du monde, sur le seuil de l'éternité.

Parce qu'elle est la seule qui ait des preuves, et puisse rendre compte de sa foi et de ses espérances, la seule où la raison soit entrée pour une part si large, qu'on a pu croire qu'elle s'était formée de tout ce que les sages de l'antiquité avaient trouvé de plus vrai, de plus clair et de plus certain.

Parce qu'elle est la seule qui n'ait connu que le vrai Dieu, le Dieu unique, très pur et très saint, et son Fils, le Verbe fait chair, dont la présence sur la terre a fait crouler tous les faux dieux, et n'a pas permis à un seul dieu nouveau de naître après lui.

Parce qu'elle est la seule qui possède un credo immuable dont pas un mot n'a pu être effacé et convaincu d'erreur, un corps complet de doctrines révélées, qui dépassent la science des savants et confond la sagesse des sages.

Parce qu'elle est la seule qui ait parlé comme il faut à l'homme de son origine et de sa fin, du bien et du mal, du péché et de l'expiation, de la douleur et du bonheur, de la vie et de la mort, du temps et de l'éternité, et enfin de cette divine et mystérieuse force inconnue jusque-là, la grâce de Dieu, qui sauve et qui guérit, et dont la vertu satisfait, et au delà, à toutes les aspirations religieuses de l'humanité.

Parce qu'elle est la seule qui ait des paroles comme celle-ci : Heureux ceux qui souffrent ! Et des paroles comme celle-là : Qui est-ce qui souffre? qui est-ce qui pleure sur le chemin de la vie, que je ne souffre et ne pleure avec lui? La seule qui ait produit et la grande sœur de charité, et la petite sœur des pauvres, nobles femmes qui ont trouvé dans leur cœur un amour inconnu jusque-là. Pas une plaie qu'elles n'aient pansée, pas une larme qu'elles n'aient essuyée, pas une misère qu'elles n'aient soulagée !

Parce qu'elle est la seule qui ait opéré un tel changement dans les âmes, qu'elle a renversé l'ordre naturel des mobiles humains, de telle sorte que ce n'est plus l'amour de soi qui l'emporte sur l'amour des autres, mais l'amour des autres qui l'emporte sur l'amour de soi. Notre siècle lui-même, tout impie qu'il se dit, et tout corrompu qu'il est, s'est laissé tellement pénétrer de l'esprit du christianisme, qu'il porte encore, malgré lui, la marque de cette religion de la charité, la seule qui n'ait plus, au milieu de nous, ni hérétique, ni apostat, ni sceptique. Jésus-Christ l'avait dit : « A ce signe on reconnaîtra que vous êtes mes disciples ; si vous vous aimez les uns les autres, et si vous gardez dans vos cœurs la charité de Dieu. » (Joan., 13-35.)

Parce qu'elle est la seule qui ait un Evangile, un livre unique où personne ne peut ajouter ni retrancher un mot. Un livre dont saint Augustin a dit, le jour où il le trouva mystérieusement sous sa main : « Pas un livre qui soit de la force du vôtre, Seigneur, pour abattre les présomptions humaines, pas un qui ait sa vertu pour persuader à l'homme de confesser ses égarements. » Un livre dont Rousseau a dit :

« Voyez tous les livres des philosophes, ils sont petits près de celui-là. » Un livre dont Jules Simon a dit que « sa révélation est complète, et embrasse toutes les questions qu'une religion doit résoudre ». Un livre dont Renan a dit que « son auteur est la pierre angulaire de l'humanité », et qu' « arracher son nom de ce monde, serait l'ébranler jusque dans ses fondements » *(Vie de Jésus*, p. 426). Un livre enfin, dont Jésus-Christ a dit : « Le ciel et la terre passeront, mais mes paroles ne passeront point[1]. »

Parce qu'elle est la seule qui fasse du genre humain une seule famille, une seule patrie, une société une et universelle, de tous les temps, et de tous les lieux, une Eglise catholique enfin, « dont le roi est la vérité, dont la loi est la charité, dont la mesure est l'éternité : *cujus rex est veritas, cujus lex est charitas, cujus modus est æternitas* » ; selon la belle définition qu'en donne saint Augustin.

---

[1] Taine a rendu hommage à cette force transcendante du christianisme. Il l'a appelé :

« Un organe spirituel, une grande paire d'ailes indispensable pour soulever l'homme au-dessus de lui-même. Il n'y a que l'Evangile, dit-il, pour nous retenir sur notre pente naturelle, pour enrayer le glissement insensible par lequel incessamment, et de tout son poids original, notre race rétrograde vers les bas fonds. »

La seule qui réalise en toute vérité ce que Pline l'Ancien, dans son ardent patriotisme, disait un jour de l'Italie : « Cette terre, mère de toutes les terres, a été choisie par la providence des dieux pour rendre le ciel même plus pur et plus éclatant, pour adoucir les mœurs des humains, pour réunir les empires dispersés, pour rapprocher, par une communauté de langage, les idiomes discordants et barbares, pour fournir à toutes les races ennemies les moyens de s'entendre et de s'aimer, pour donner à l'homme l'idéal de l'humanité : *ut humanitatem homini daret.* »

« La religion chrétienne, dit l'abbé de Broglie, comble le vide que produisent les négations de la science. L'état où ces négations mettent l'âme humaine est si étrange, si anormal, si inexplicable, et parfois si intolérable, que du jour où apparaît la possibilité d'en sortir, on doit s'attendre à ce que l'âme se jette tout entière du côté où cette lumière se montre. Et comme cette lumière paraît sous la forme d'un être réel et vivant, aimable et adorable, dont la sagesse dépasse toute conception, le cœur s'élance vers lui, et s'efforce de l'atteindre : « A qui irons-nous ? Car c'est vous qui avez les paroles de la vie éternelle[1]. »

[1] A Chicago, étaient réunis les représentants des principaux cultes de l'ancien et du nouveau monde;

« Le Christ est l'idéal vivant que l'amour réclame, la vérité éternelle qui satisfait l'intelligence, la loi qui éclaire la conscience, la force qui soutient la volonté, le pardon que cherche le repentir, la paix qui console la tristesse, et l'espérance qui relève ceux qui sont abattus. » (Abbé de Broglie, *la Réaction contre le positivisme*, p. 145.)

Les dieux se sont succédé, et, un jour après l'autre, ont disparu. Le Dieu qui est le vrai

non pour discuter la valeur de leurs dogmes ou de leurs rites, mais pour essayer de se rapprocher, de s'édifier dans une communion religieuse universelle.

Trois choses apparurent comme nécessaires avant tout pour réaliser ce but :

1° Le nom sous lequel tous invoqueraient Dieu; le nom de *Père*.

2° La prière par laquelle tous s'adresseraient au Père; ce fut la prière des chrétiens, l'*oraison dominicale*.

3° Le Dieu ou le maître, l'initiateur de la vie religieuse supérieure en dehors de toute définition théologique, ce fut le *Christ*.

De fait aujourd'hui, je puis bien n'être pas religieux, mais si je veux l'être, je ne puis l'être sérieusement que sous la forme chrétienne. Je puis bien ne pas prier; mais si je veux prier, je ne trouve jamais que ces mots : « Notre Père qui est au cieux. » Je puis dédaigner la vie intérieure de l'âme, mais si, lassé des divertissements de ce monde, je veux me reprendre et vivre d'une vie plus haute et plus digne, je ne puis accepter d'autre maître que Jésus-Christ. (Sabatier, *Esquisse d'une philosophie de la religion*, p. 132.)

reste toujours; et le seul qui reste, c'est Jésus-Christ. Après lui, personne, ou lui, ou rien. Eh bien, il restera! Le ciel et la terre passeront, l'homme et les peuples passeront, lui ne passera pas. « Le Christ était hier, il est aujourd'hui, il sera demain, toujours, à jamais. *Christus heri, et hodie : ipse et in secula.* » (Saint Paul, *Hébreux*, XIII, 8.)

TABLE DES MATIÈRES

Préface. 3

PREMIÈRE PARTIE

Préliminaires. — Je doute. 11
Je suis (conscience). 17
La nature est (sens). 26
Dieu est (raison). 32
L'humanité est 54
Quatre mondes existent 60

DEUXIÈME PARTIE

Je n'ai pas toujours été. — Je ne serai pas toujours 73
Problème de la vie. — Importance de la question. 79
Solutions de la question 86
Mouvement circulatoire de la nature 95
Ame en ligne droite. 99
La perfection 106
But de la vie. 115
Fins supérieures. 122

TROISIÈME PARTIE

Le travail 135
   Mise de fonds : premier élément du travail. . 138
   Le temps : second élément du travail . . . 141
   La peine : troisième élément du travail . . 152
   Fécondité. — Profit. — Joie : bénédictions du
     travail 157

Le progrès 176
   Progressistes. — Rétrogrades 181
   Poids des siècles. — Conclusion 189

ÉTUDES DÉTACHÉES

L'immortalité 203
   L'immortalité (instinct) 211
La religion 221
   Religion instinctive 221
   Religion révélée 228
   Religion chrétienne 235

Lyon. — Imp. A. Rey, 4, rue Gentil. — 35328

www.ingramcontent.com/pod-product-compliance
Lightning Source LLC
Chambersburg PA
CBHW070657170426
43200CB00010B/2274